D1692907

Gewidmet meinen Eltern

Christoph Frühwirth

Magisches Räuchern und gestohlene Maibäume

Alpenländische Bräuche und Rituale im Jahreslauf

Servus

Inhalt

EINLEITUNG	8
DAS BAUERNJAHR	20
RITUALE UND BRAUCHTUM	42
Neujahrstag	44
Sternsinger	46
Lichtmess-Tag	50
Valentinstag	52
Fasching	54
Osterfestkreis	58
Aschermittwoch	60
Fastenzeit	62
Scheibenschlagen	64
Erster April	66
Palmbuschen binden am Palmsonntag	68
Gründonnerstag	72
Karfreitag	74
Karsamstag	78
Ostersonntag	81
Ostermontag	84
Pfingsten	86

Erster Mai	88
Fronleichnam	92
Johannisnacht	94
Kirtag	96
Almabtrieb	**98**
Erntedank	112
Martinstag	116
Allerheiligen	118
Allerseelen	120
Hubertusjagd	122
Leonhardiritt	124
Weihnachtsfestkreis	**126**
Niglo	128
Nikolausfrauen	131
Strohschab	133
Raunächte	135
Schiachperchten	137
Schönperchten	140

Rosenkranz	143
Brauchgebäck	145
Thomastag	149
Heiliger Abend	152
Christtag	154
Stefanijagd	156
Silvester	158
RITUALE IM LEBEN	160
Taufe	162
Hochzeit	165
Tod	174
ZUM SCHLUSS: REDEN ÜBERS LEBEN	178
Danksagung	188
Über den Autor	189
Weiterführende Literatur	190
Impressum	192

Volkstänze wie der »Aberseer Schleunige« gehören nicht nur zum Brauchtum rund um den Wolfgangsee, sondern auch zum immateriellen Weltkulturerbe der UNESCO.

Einleitung

Rituale und Brauchtum sind fest verankert in
der bäuerlichen Kultur des Alpenraums. Sie geben uns Halt,
stiften Sinn und Gemeinschaft.

Was ist eigentlich ein Ritual, was bedeutet Brauchtum? Das Wörterbuch kennt das Ritual als »wiederholtes, gleichbleibendes, regelmäßiges Vorgehen nach einer festgelegten Ordnung«, der Brauch ist demnach eine »innerhalb einer Gemeinschaft ausgebildete Gewohnheit«. In der Praxis gilt für beide: Sie erfüllen unser urmenschliches Bedürfnis nach Verlässlichkeit und Geborgenheit, sie stillen unsere Sehnsucht nach Gleichmäßigkeit, bringen Ruhe in unser Leben. Sie helfen uns dabei, uns nicht im Strudel der Welt zu verlieren. Sie strukturieren Tage, Anlässe, Feste – und besonders im alpenländischen Raum bringen sie Ordnung in das ganze Jahr.

Aber auch im Alltag folgt jeder von uns Ritualen. Oft ganz unbewusst, aber nicht unbegründet. Wenn ich nachgrüble, welches täglich wiederkehrende Ritual ich selbst pflege, fällt mir ganz spontan mein Aufwachen ein: Ich blinzle, reibe mir die Augen, dann gehe ich zum Fenster und lasse frische Luft herein. So beginnt jeder meiner Tage. In der kalten Jahreszeit vertreibt der frische Luftzug in nur einem Augenblick jede Müdigkeit. Im Sommer weckt Vogelgezwitscher meine Lebensgeister. Danach gehe ich in die Küche, um mir zwei Scheiben Brot abzuschneiden. Zu Brot habe ich eine sinnliche Beziehung, seit ich als Kind meinem Nenn-Onkel Hans, einem Sägewerker und Nebenerwerbslandwirt, beim Backen des Hausbrotes über die Schulter geschaut habe. Das Knacken der Holzscheite im Sparofen. Der anheimelnde Geruch. Das Warten auf das Ergebnis. Und dann: die resche Kruste. Der leicht salzige Geschmack am Gaumen.

Brot und das Getreide, aus dem es gemacht wird, sind für mich Ausdruck einer ganz bestimmten, einfachen Lebenskultur. Beide sind mit einer Vielzahl an im Volksglauben verankerten Ritualen verbunden. Das beginnt bei den Ähren in der Erde und endet beim Essen. Die Vogelscheuche wurde traditionell in Lumpen gekleidet und am Feld aufgepflanzt. Ein Reisigbesen in Menschengestalt, der Stare und Krähen vertreiben sollte. Aber nicht nur das – sie war im Volksglauben auch ein Bewahrer von Recht und Ordnung am Felde. Wir tun der Vogelscheuche also unrecht, wenn wir in ihrem Namen jemanden der Unordentlichkeit zeihen. Und der Reisigbesen bewachte nicht nur im Sommer das Korn, sondern unterm Jahr auch die Hofbewohner, ganz besonders die kleinsten: Einst fegte die Hebamme mit einem gesegneten Besen die Türschwelle des Hauses, in dem gerade eine Geburt stattgefunden hatte. Ein Ritual, durch das böse Einflüsse von Wöchnerin und Neugeborenem ferngehalten werden sollten.

Waren die Ähren geschnitten und eingeholt, ging es ans Dreschen, eine schweißtreibende und langwierige Arbeit, die leichter fiel, wenn eine gewisse Monotonie gefunden war. Um bei der Drusch nicht aus dem Takt zu geraten, befleißigten die Drescher sich deshalb früher eines melodischen Dreiklangs, mein Onkel hat mir oft davon erzählt. Sie standen zu dritt am Tennenboden um einen Haufen Getreide herum. Schneidige Bauernburschen, jeder von ihnen hielt einen Dreschflegel in der Hand. Der Erste hob an, der Zweite folgte, der Dritte stieg ein. Im Takt droschen sie der Reihe nach auf die Ähren ein, begleitet von einem melodischen »Stich d' Katz ab«. Der Erste sagte: »Stich«, der Zweite: »d' Katz«, der Dritte: »ab«. Ein einfaches Ritual mit einem kindisch-martialischen Spruch, der dazu diente, im Rhythmus zu bleiben.

Möglicherweise ruft man heute mancherorts beim Dreschen noch immer zum Haustiermord auf, ein anderes Ritual ist dagegen ganz bestimmt noch gang und gäbe. Das dreifache Bekreuzen der Brotrinde vor dem Anschneiden ist ein Dank an die Heilige Dreifaltigkeit: Gottvater, Gottsohn und den Heiligen Geist. Dieses automatische »Kreuzerlmachen« habe ich selbst vom Hans-Onkel übernommen wie das Amen im Gebet. Es ist mir als Ritual in Fleisch und Blut übergegangen wie die vierte Bitte im Vaterunser: Unser täglich Brot gib uns heute.

Die Vogelscheuche als Garant für eine gute Ernte. Die Drescher, die die Spreu vom Weizen trennen. Und mein

Nenn-Onkel Hans als Bäcker duftenden Bauernbrotes. Sie alle gehören zu meiner längst vergangenen Kindheit, die reich an Ritualen war. Einer Kindheit in den Voralpen, von deren Geschichten ich heute noch zehre. Um diesen Geschichten nach- und manch andere aufzuspüren, mache ich mich auf den Weg zurück, in ein kleines Bergdorf, in dessen Nachbargemeinde Gresten ich aufgewachsen bin. Ich fahre nach Reinsberg, um meinen alten Freund Karl Prüller zu besuchen. Er ist jemand, der als »Schwarzer Graf« – eine Bezeichnung für Persönlichkeiten, die sich dem Erbe der einstigen Hammerherren der Eisenstraße verpflichtet fühlen – noch standesbewusst schwarze Tracht trägt und Brauchtum im herkömmlichen Sinn lebt. Er ist für mich der ideale Gesprächspartner, wenn es darum geht, der Vergangenheit, Gegenwart und Zukunft unserer alpenländischen Rituale nachzusinnen.

Ich fahre mit der Bahn. Erinnerungen werden wach. Wie oft habe ich in meinem Leben diese Strecke genommen: Wien–Amstetten–Waidhofen an der Ybbs. Danach umsteigen in den Bus nach Reinsberg. Während ich aus dem Fenster blicke und die hügelige Landschaft des Mostviertels an mir vorüberziehen lasse, schweife ich in Gedanken ab. Was sind eigentlich die ersten Rituale, an die ich mich erinnern kann? Aus der frühesten Kindheit fällt mir die Gute-Nacht-Geschichte ein. Ein wichtiges Ritual: das Geschichten-Erzählen. In den Einschichthöfen der Alpen war es die einzige Unterhaltung im arbeitsreichen Alltag. Am Sonntag hockten die Hofbewohner beisammen und erzählten sich Schauermärchen und lustige Vorkommnisse. Arbeitete ein Störhandwerker am Hof, der viel herumkam, so erweiterte sich der Erzählhorizont: Da erfuhren die Hofbewohner, was sich in der »großen, weiten Welt« alles so tat.

Überhaupt, das Zusammenhocken. Auch wir als kleine Familie – meine Eltern, meine beiden Schwestern und ich – hatten dieses Sonntagsritual. Das gemeinsame Essen. Am Wochenende strukturierte es den Tag. Wir trafen uns zum Frühstück, zum Mittag- und Abendessen. Die altbäuerliche Tischordnung gab dabei exakt vor, wer wo zu sitzen hatte: Im Herrgottswinkel saß der Bauer der Tischgesellschaft vor. Rechts neben ihm die Bäuerin. Neben dem Mann saßen die Söhne: der Älteste, der Nachfolger, neben dem Bauern; die weiteren Söhne je nach Alter neben ihren Brüdern. Die Töchter schlossen sich in derselben Reihung ihrer Mutter an. Je nach Alter und Rang nahmen die Mägde (aufseiten der Töchter des Hofes) und die Knechte (neben den Söhnen) Platz. In der Mitte des Tisches stand die Schüssel, aus der jeder aß: eine Armlänge von den Sitzenden entfernt, sodass diese mit ihrem Löffel bequem zulangen konnten. Diese Löffel steckten an der Unterseite der Tischplatte in Lederschleifen. Vor dem Essen wurde um den Segen von oben gebeten. Ein Dank für das tägliche Mahl. Auch daran erinnere ich mich: Wir bekreuzigten uns immer, bevor wir mit dem Essen begannen.

Ein weiteres Ritual, das mir sofort einfällt: das Ausblasen der Geburtstagskerzen. Es ist eine Sitte, die stark in unserer Lebensrealität eingeprägt ist. Ganz im Gegensatz zur Landwirtschaft. Hier spielte der Geburtstag einst keine Rolle. Der Namenstag umso mehr. Vornamen wurden zumeist von Heiligen entlehnt, von denen man sich gutes Gedeihen erwartete.

Rituale schenken uns Raum und Zeit. Doch wir geben uns viel zu selten diesen Raum und die ihm angemessene Zeit. Wann halten wir in der Allgegenwart von Hektik und ständiger Erreichbarkeit noch bewusst inne? Wann treten wir in jenen langsamen Rhythmus ein, der dem Bauern von einst das Überleben sicherte? Wann erlauben wir uns, abzuschalten? Rituale helfen uns dabei.

Eine ganz schlichte Übung, wir können sie wie selbstverständlich jederzeit abrufen: Während ich diese Zeilen schreibe, atme ich ein, mache eine kleine Pause... und atme wieder aus. Indem ich auf meinen Atem achte, mache ich mir selbst das größte Geschenk: Achtsamkeit. Es ist ganz einfach: bewusst einatmen, innehalten – und das Ausatmen passiert von selbst. Vielleicht ist das das einfachste Ritual. Eines, das uns sehr viel lehrt über die Lebensweisheit der früheren Alpenbewohner. Sie mussten gleichsam mit der Natur atmen. Mussten sich den Naturgewalten stellen. Auf Regen folgte Sonnenschein. Auf den Sommer der Winter. Auf das Brachfeld der Erdäpfelacker. Das Ritual war den Bauern das, was uns die Pause zwischen dem Ein- und dem Ausatmen ist. Es war ein Innehalten. Zum anderen aber war es auch ein »Steuerelement«. Jene Rituale nämlich, die eng mit dem Kirchenjahr verwoben waren, dienten der Bitte um und dem Dank für ein gelungenes Erntejahr.

Die Natur hat ihre eigenen Rituale. Gesetze, die im Verborgenen gedeihen und sich uns nicht erschließen. Sie wirkt in einem Tag-Nacht-Rhythmus, hat einen in sich geschlossenen Jahreskreis. Sie zeigt sich uns als Frühling: eine Zeit des Keimens und Sprießens, als Sommer: die Zeit des Wachsens und Blühens, als Herbst: die Zeit des Reifens sowie der Ernte und schließlich als Winter: eine Zeit der Ruhe und der weihnachtlichen Rituale. Die »staade Zeit« ab Ende November bis Dreikönig erlebe ich noch heute ganz bewusst. Da schließe ich meine Schreibwerkstatt. Da schalte ich ab. Da tanke ich Energie. In meiner Jugend am Land hat mir verlässlich der erste Schnee den Adventbeginn angezeigt. Im Schnee sind wir an den Adventsonntagen zu den

Großeltern gestapft. Wir haben uns als Familie in der Bauernstube zusammengehockt. Es wurde der Rosenkranz gebetet und gemeinsam gesungen. Es gab den geselligen Ausklang mit Wein, Jaga-Tee und vor allem Selbstgebackenem. Die einschläfernde Leier des Rosenkranzes klingt als liturgisches Ritual immer noch in meinen Ohren nach. Dem Geruch der frischen Kekse versuche ich Jahr für Jahr – mehr schlecht als recht – in meiner Küche nachzuspüren.

Auf den Höfen des Alpenlandes, auf denen Urlaube unbekannt waren, ging man es in der stillen Zeit geruhsamer an. Die Hofbewohner zogen sich zurück. Die tägliche Stallarbeit gab den Rhythmus vor. Das gemeinsame Werkeln in der Stube schweißte zusammen. Zugespitzt formuliert: Die Männer banden Besen, die Frauen spannen Garn. Doch in der Vorweihnachtszeit, da schnitzten die einen ihre Geschenke – Figuren und Tiere aus Fichte –, und die anderen nähten sie: Unterwäsche oder Leinenhemden. Diese Zeit markierte das Ende des Bauernjahres. Es war die Auszeit im anstrengenden Alltag, sie war aber auch die Ruhe vor dem Sturm. Mit dem Böllerschießen in der Silvesternacht begann der nächste aufreibende Arbeitszyklus. Arbeit, die nur unterbrochen wurde durch die von der Kirche eingeführten Festkreise mit ihren Ritualen und Bräuchen. Auf Weihnachten folgte Ostern. Auf Ostern Pfingsten. Diese Feste hatten und haben einen genauen Ablauf. Sie haben einen Anfangspunkt und eine Vorbereitungszeit. Ostern beginnt am Aschermittwoch und endet, in unserer persönlichen Wahrnehmung, mit dem Ostermontag. Den Höhepunkt jedes Festkreises bildet das Hochfest. An Weihnachten ist es die Mitternachtsmette, zu Ostern der Ostersonntag. Und schließlich endet der Festkreis mit einem Schlusspunkt. Weihnachten klingt mit der »Taufe des Herrn« aus: am Sonntag nach dem Dreikönigsfest. Das Pfingstfest beschließt den Osterfestkreis.

Wir nehmen oftmals nur mehr den Weihnachtsabend bewusst wahr. Er steht im Zeichen einer Geschenkekultur. Am Land hingegen wird Brauchtum noch bewusst als Tradition gelebt. Hier gilt noch der alte Spruch von der »Weitergabe des Feuers«.

Brauchtum und Lebenslust: Heimatverein d'Aberseea am Wolfgangsee

Das Leben der Bergbauern, im Bild eine Alm im Südtiroler Gadertal, ist bestimmt von der – oft harten – Arbeit im Einklang mit der Natur.

Das Bauernjahr

Es ist geprägt von einer ritualisierten Festkultur
und der Verehrung von Schutzheiligen. Die Feste dienen
der Erholung und Geselligkeit.

Der Landwirt in den Alpen musste hellwach sein, um in seiner rauen Umgebung überleben zu können. Und doch: Auch – oder gerade – er, der so abhängig von einer höheren Macht war, gab sich dem Übersinnlichen hin. Nicht Gott, der Schöpfer, war ihm erster Ansprechpartner, wenn es um Haus und Hof, um Gedeih und Verderb ging. Er hielt sich an jene, die Gott am nächsten standen: die Heiligen. Diese kannte er von den Votivbildern in den Wallfahrtsstätten. Ihnen vertraute er zutiefst, da sie zu ihren Lebzeiten den überlieferten Legenden nach alle ihr eigenes Binkel zu tragen gehabt hatten. Der Bauernstand hielt und hält sich für einen geschundenen Stand. Der himmlische Patron war ihm daher folgerichtig am nächsten. Um die Heiligen wiederum – von der Kirche ins Leben gerufen und am Leben gehalten – rankten sich jene Rituale, die das Kirchenjahr zusammenhielten. Um also die Bedeutung der alpenländischen Rituale zu verstehen, möchte ich mich, bevor ich die einzelnen Riten vorstelle, mit den bäuerlichen Nothelfern beschäftigen, die unabdingbar mit dem Brauchtum in den Alpen verbunden sind.

Beginnen wir mit den beiden bekanntesten: Der heilige Florian schützt Haus und Hof gegen das Feuer. Dieser Soldat in Uniform und mit Helm ziert als überlebensgroße Lüftlmalerei die Fassade manch stattlichen Bauernhauses. In einer Zeit, in der die Holzgehöfte der

Brandgefahr noch uneingeschränkt ausgesetzt waren, war Florian der Schutzheilige schlechthin. Gegen das Feuer half nur das Wasser. Dieses war dem heiligen Johannes von Nepomuk überantwortet, dessen Abbild Brücken und Stege zierte. Ein Haussprücherl zur Anrufung des heiligen Florian verweist auf die vielzitierte Bauernschläue:

> *Heiliger Florian, sei unser Patrian.*
> *Verschon unsere Häuser,*
> *schür andere an.*

Nur ein gesunder Bauer, respektive ein gesunder Knecht, war ein brauchbares Mitglied am Hof. Landärzte waren rar und auf den Einschichthöfen selten rechtzeitig zur Stelle, wenn der medizinische Notfall eintrat. Daher rief man lieber eine Reihe himmlischer Heilkundiger an, die man in Form kirchlicher Bildlein immer bei der Hand hatte. Dabei galt: Der oder die Heilige weiß zu helfen. So versprach etwa Apollonia, der die Zähne gerissen worden waren, Linderung bei Zahnschmerzen. Blasius, der als Kind eine Fischgräte verschluckt hatte und in letzter Sekunde vor dem Ersticken gerettet worden war, wurde bei Halsweh angerufen. Die heilige Barbara, die zu Tode gemartert worden war, wurde in der letzten Stunde des Lebens angebetet:

Heilige Barbara, du edle Braut,
Seel' und Leib
ist dir anvertraut.
Schütze mich in jeder Not,
bewahre mich vor jähem Tod!

Dem heiligen Antonius von Padua waren unzählige Kapellen gewidmet. In früheren Zeiten, in denen die Anbahnung von Mann und Frau äußerst schwierig war, dienten sie als Begegnungs-, ja oftmals als Zeugungsstätten. Bei Antoni suchten beide Geschlechter Rat in Herzensangelegenheiten. So manche Alleinstehende flehten in der Dämmerstunde:

Heiliger Antonius,
ich fleh dich an,
geh, schick mir an Mann…

Wer unter der Haube war, hielt sich an die Eheleute: Die Männer an den Tischler Josef, die Frauen an seine Schwiegermutter »Mutter Anna«. Nicht ohne Hintergedanken waren die am meisten verbreiteten Taufnamen Josef und Anna. Galten doch beide als Beschützer einer guten Ehe.

In den Bereich des Skurrilen fällt eine weltliche Heilige: die »Kummernuss«, eine ans Kreuz geschlagene

Jungfrau mit Vollbart. Von der Kirche nicht anerkannt, wurde sie von der Landbevölkerung umso intensiver verehrt. Bei Kümmernissen jeglicher Art rief man die unheilige Heilige an. Schließlich verhieß sie einem, falls man ihr Bild übers Betthaupt hing, häusliches Glück und reichen Kindersegen.

Der populärste Heilige jedoch ist – was mich besonders freut – mein Namensvetter Christophorus. Seine übermenschliche Gestalt, der mächtige rote Bart und die Legende, das Christuskind heil über den reißenden Fluss gebracht zu haben, machen ihn zum Heiligen gegen unvorhergesehenen Tod. Doch angesichts der Tatsache, dass den Bauern »das Weibersterben nicht verderben, das Rossverrecken hingegen schrecken« konnte, verblasst die Wirkkraft des heiligen Christophorus gegenüber jener von Sankt Leonhard.

Der ist der Patron der Fuhrleute. Er wurde aber auch ganz allgemein bei Viehseuchen angerufen. Noch heute werden ihm zu Ehren im Alpenraum Leonhardi-Spektakel veranstaltet. Am Leonhardstag, dem 6. November, gingen einst die Jungfrauen mit offenem Haar zum Taufbecken, um es mit Weihwasser zu benetzen. Dies galt als Schutz vor Seuchen. Hoch zu Ross wurde am Bauernfeiertag zu Ehren des Heiligen die Kirche umrundet. Der Leonhardiritt hat im bayerischen Bad Tölz bis heute den Charakter eines Volksfestes. Bis zu vierzig

Wagen beteiligen sich an dem festlichen Umzug. Tausende Schaulustige nehmen daran teil.

Der zweite Rossheilige ist Stephan, landläufig Steffel genannt. Am Stephanitag, dem 26. Dezember, wurden die Pferde zur Ader gelassen, damit die Steine ihren Hufen nicht schadeten. Sie bekamen geweihtes Salz und Brot als »Maulgab«, aber auch geweihten Hafer und Gerste. Im Kärntner Lavant- und Gailtal ging es an diesem Tag besonders hoch her. Die Burschen ritten ungesattelt um die Wette. Und zwar rund um die Kirche. Während dieses wilden Rittes besprengte der Pfarrer die Tiere mit Weihwasser – was vom Ritual her durchaus mit einem Exorzismus gleichzusetzen ist.

Die Volksheiligen sind also die Überbringer der Ritual-Botschaft. Sie waren verantwortlich für ein Gelingen von Saat und Ernte. Die Rituale selbst gaben dem Bauernjahr Struktur. Man hielt sich streng an die vorgegebene Form, verhieß sie doch neben dem Segen von oben einen freien Tag: den sogenannten Bauernfeiertag. Einem Menschenschlag, der den Begriff Urlaub nicht kannte, ja, der 365 Tage im Jahr im Stall ausmisten und das Vieh füttern musste, war das Zelebrieren von Ritualen eine willkommene Abwechslung im Arbeitsalltag.

Der Schriftsteller Ludwig von Hörmann von Hörbach (1837–1924) hat das Bauernleben von einst beschrieben. Ich beziehe mich auf seine Beschreibung, gibt

Almleben: Pinzgauer-Kuh auf Sommerfrische

sie doch einen sehr genauen Einblick in den Lebensalltag der Alpenbewohner des vorigen Jahrhunderts. Heute noch leben Bergbauern mit dem beschränkten Einsatz von technischem Gerät teilweise noch immer diesen Alltag, eingebunden in die Welt traditioneller Rituale.

Mit dem Frühling kehrte in den Alpen wieder die Betriebsamkeit ein. Die Höfe erwachten aus dem Winterschlaf. Im März und April wechselten einander warmer Föhn, dichte Wolkendecken, Schneefall und Regen, auf den wieder Föhn folgte, ab. Dieses Wetterphänomen konnte einige Wochen anhalten – bis die Täler endlich bis hinauf in die höher gelegenen Regionen schneefrei waren und der Talboden so weit aufgeweicht war, dass die Felder bestellt werden konnten. Doch vor dieser mühseligen Arbeit am Acker war noch die »große Wäsche« angesagt. Einmal im Jahr, zu Frühlingsbeginn, wurden Leintücher, Hemden, Unterwäsche, Decken, Polster und Bettbezüge gewaschen und im Freien zum Trocknen aufgehängt. Die Frühlingssonne bleichte die Textilien anschließend blütenweiß.

Eine Pracht war auch das Schauspiel der Natur: Sie regte sich nun wieder gen Himmel. Haselbüsche, Blumenglocken, fahlrote Lärchen, saftig grüne Birken, die Kirschbäume mit ihren weißen Blüten, die hellrosa blühenden Marillenbäume und die weiß-rot leuchtenden Apfelbäume. Sie alle zeigten den Bauern an: Der Lenz ist da. Doch legte der Bauer im Frühjahr weniger Augenmerk auf die pralle Schönheit der Natur als auf den »richtigen Zeitpunkt« ihres Erwachens. In den ersten vier Monaten des Jahres gaben ihm die Lostage an, wann er mit welchen Feldarbeiten beginnen konnte. Der Blick auf den Hundertjährigen Kalender mit seinen überlieferten Wetterregeln war im Frühjahr ein tägliches Morgenritual. So verdarb ihm zu frühes Erblühen gehörig die Stimmung: »Der März soll eingehen wie eine Sau und aus wie eine Frau.« Der derbe, nicht mehr zeitgemäße Bauernspruch bedeutet, frei übersetzt: Im März durfte der Schnee ruhig noch liegen bleiben, dann gedieh die Natur im April umso besser. In diesem Sinne ist auch ein weiterer Spruch zu verstehen: »Märzenschnee düngt.« Die landwirtschaftliche Frühlingsarbeit begann am Misthaufen. Sobald die Wiesen und Felder schneefrei waren, wurde der Dünger ausgebracht. Eine niedere Arbeit, die den Knechten oblag. Der Bauer machte währenddessen Inventur, denn »ein guter Plunder ist die halbe Arbeit«. Im Frühjahr, vor Arbeitsbeginn, wurden das Werkzeug und das Ackergerät repariert. Der Dorfschmied, der Kummeter, der Schuster hatten nun Hochsaison. Zaumzeug wurde ausgebessert oder neu angefertigt. Die »Genagelten«, die festen Arbeitsschuhe, bekamen neue Sohlen. Solcherart ausgerüstet, ging es nach dem Mist-Ausführen ans Pflügen, Eggen und Säen. Das Frühjahrsgetreide war jenes erste Korn, das ein Jahr zum Reifen brauchte, also der Weizen und der Roggen. Dabei galt es beim Umpflügen des Ackers darauf zu achten, dass die erste Furche sich nicht gegen die Kirche richtete. Denn gemäß dem Aberglauben müsste dann auf dem Hof jemand sterben.

Der Ackerbau dauert bis zur Karwoche an. In dieser ruhte die Arbeit. Die Tage waren erfüllt von frommer Trauer und dem Fasten gewidmet. Die Hofleute bereiteten sich bewusst auf die an katholischen Riten reiche Osterwoche vor, danach ging es an die letzte Frühlingsarbeit: das Setzen der Erdäpfel, eine reine Frauenarbeit. Man baute sie auf trockenem Erdboden an, dabei wurde mit der Haue, einem schaufelähnlichen, am Rand gebogenen Werkzeug, eine Grube gehackt und die Knolle eingesetzt. Mit der Erde der nächsten Grube wurde die vorherige zugeschüttet. Nun galt es, Saat und Setzlinge am Acker vor den Vögeln zu schützen. Noch heute ist aus der Steiermark der Klapotetz, ein klapperndes Windrad als hölzerne Vogelscheuche, bekannt. Viel wichtiger war dem Bauern jedoch der Schutz des heiligen Bodens vor bösen Geistern und Wetterkapriolen. In einem Ritual wurden die am Palmsonntag geweihten Palmzweige und die am Karsamstag gesegneten Kohlen an den vier Ecken des Ackers ausgestreut. Solcherart schützte man sein wichtigstes Kapital vor jeglicher überirdischer Unbill. Zu Georgi, am 23. April, zogen die jungen Buben des Dorfes über die Wiesen und Felder. Die sogenannten Grasausläuter bekamen Schellen oder Glocken umgebunden, machten vor den Bauernhöfen Halt und bimmelten, was das Zeug hielt, um das Gras zu schnellerem Wachstum anzutreiben. Für diesen Dienst wurden sie von den Hausleuten mit frischen Krapfen belohnt.

Wenn der Mai kühl und nass vorüberging und der Juni warm war, ging es ans Heuen. Diesen Idealzustand fassten die Bauern in folgendem Spruch zusammen: »Mai kühl und nass füllt dem Bauern Scheune und Fass.« Im Juni teilte sich die Hofgemeinschaft dann in jene, die im Tal blieben und zur Heumahd abkommandiert waren, und die Hüter und Senner, die das Vieh auf die Almen trieben, wo es einen Almsommer lang als natürlicher Rasenmäher im Hochgebirge verbrachte. Das Verbindungsglied zwischen oben und unten, zwischen Alm und Tal, war der Geißer, der Ziegenhirte. Er stieg tagtäglich mit der Herde hinauf zur Alm und kehrte abends wieder ins Tal zurück. Den Almleuten brachte er die Post mit und den Hofleuten brachte er Nachricht vom Fortschritt der Almwirtschaft.

Bevor es aber im Tal ans Mähen ging, mussten noch die Felder von Unkraut befreit werden. Mit der Haue ging es dem Weißen Gänsefuß, dem Lungenkraut, dem

Schachtelhalm und dem Spitzwegerich an den Kragen. Um den richtigen Zeitpunkt für die oft wochenlang dauernde Heuernte festzustellen, wurde wieder auf die Lostage geachtet. Damit der Himmel sich gnädig zeigte, wurden am Peter-und-Paulstag (29. Juni) und an Mariä Heimsuchung (2. Juli) Haselzweige zur Blitzabwehr in den Kamin gesteckt. Weiters wurde den Heiligen durch Flurumgänge und die Errichtung von Wetterkapellen gehuldigt. Waren einige durchgehend wettersichere Wochen in Sicht, wurden die Sensen vom Dachboden geholt. Mit Hammer und Wetzstein ging es ans Dengeln. Ein gedämpfter Ton waberte dann abends durch das ganze Dorf. Schließlich musste, um einen alten Knecht aus *Das Tiroler Bauernjahr* zu zitieren, »die Sense schneiden wie Gift«. Anderntags wurde sie »angeschlagen«, sprich: Das Eisen wurde am Stiel befestigt. Um drei Uhr früh hieß es dann: »Auf zur Heumahd!« Man nutzte den zu dieser frühen Stunde noch starken Tau, um über die Wiese zu »rasieren«. Das Mähen war eine der anstrengendsten Arbeiten; ein exakter Schwung im Halbkreis und austarierte Bewegungen waren vonnöten. »Die Linke hebt, die Rechte schiebt«, heißt es seit jeher. Die Frauen kamen später zur Feldarbeit hinzu. Ihre Aufgabe war es, die Mahd zu Garben zu bündeln. Hier kam der Brauch des »Hundaufgeigens« ins Spiel, der abwechselnd Männlein wie Weiblein dem allgemeinen Spott aussetzen konnte.

Beginnen wir mit den Frauen: War der Mäher mit seiner Reihe fertig, bevor die Magd noch die letzte Garbe gebunden hatte, so strich er mit dem Wetzstein dreimal über den Rücken der Sense, was schrill in den Ohren klingelte. Dazu sang er:

> *Hätt i ned so an guat'n Wetzstan,*
> *könnt i ned so guat abmah'n.*
> *Jetzt muass i ihn leid' g'halten,*
> *den Wetzstan, den alten.*

Die solcherart Besungene hatte zum Spott, nicht rechtzeitig fertig geworden zu sein, auch noch die Verpflichtung, dem Mäher eine Freude zu bereiten. Umgekehrt ging es zu, wenn eine Frau so schnell bei der Arbeit war, dass sie beim Häufeln der Garben hinter dem Rücken des Mähers zum Stehen kam. Flott stibitzte sie ihm Wetzstein und Streicher und begann unter großem Hallo mit dem »Hundaufgeigen«. Sie kehrte fein nuanciert das Lied in sein Gegenteil:

> *Hättest du net so an guat'n Wetzstan,*
> *könntest du net so fein abmah'n.*
> *Jetzt kannst'n lei g'halten,*
> *dein' Wetzstan, dein' alten.*

Der Arbeitstag auf der Alm begann derweil ebenfalls in der »helllichten Fruah«. Um vier Uhr trieben Senner und Hirten die Kühe in »die Hag«, um sie zu melken. Der Senner brachte die noch körperwarme Milch in die Hütte, säuberte sie sorgfältig und füllte sie in Holzbottiche. Währenddessen ging der Hirte mit dem Vieh auf die höher gelegenen Weiden, wo er es bis zum späten Abend hütete. Der Senner hingegen machte sich in der Almhütte ans Buttern und Käsen. Zeitzeuge Ludwig von Hörmann beschreibt diese Arbeit: »Die abgerahmte Milch kam in den großen Kupferkessel und fing dort bei mildem Feuer an zu gerinnen. Wenn sich allmählich der Schmand von den Kesselwänden löste, rührte der Senn die Masse mit einem Schöpfer um und ließ sie bei stärkerem Feuer fester und dicker werden. Zuletzt nahm er sie mit einem Seihhäfen heraus und gab sie in die sauber gespülten Formen.« Nun musste der Käse nur mehr in der Vorratskammer austrocknen. Die Butter wurde in kunstvoll geschnitzten Holzmodeln gefasst und zu »Weggen« geformt.

Im Tal ging es nach der Heumahd, dem Einbringen des für die Qualität der Milch so wichtigen Winterfutters, an die Getreideernte. Zuerst kam das Korn – die Grundlage für das Brot. Auch hier hieß es, auf die Zeichen des Lostages Peter und Paul zu achten. Hieß es doch: »Peter und Paul macht dem Korn die Wurzel faul.« Reif war

Das Heuwenden am Bergbauernhof – eine kräftezehrende Handarbeit

das Korn Ende Juni. War es eingebracht, ging es ans Dreschen. Garbe um Garbe wurde die Tenne entlang aufgelegt. Die Drescher stellten sich paarweise einander gegenüber und droschen im Gleichtakt auf die Ähren los. Eine schweißtreibende, staubige Angelegenheit, die von der Bäuerin mit Schnaps und reichhaltiger Nahrung honoriert wurde. Mehrmals wurde untertags aufgekocht, um die Drescher bei Laune zu halten: Knödel, Nocken, Krapfen. Aus den Zeiten dieser anstrengenden Handarbeit ist auch der Spruch überliefert: »Er frisst wie ein (Mäh-)Drescher.« Den Abschluss dieser Arbeit bildete erneut ein Ritual des Spottes und der allgemeinen Belustigung. Alles drehte sich um den allerletzten »Drischelschlag«. Der Partie stand der sogenannte Tennenmeister vor. Hob dieser plötzlich den Flegel, um den Abschluss anzuzeigen, war derjenige, der danach nochmals hindrosch, der Missetäter. Er hatte nämlich, so wollte es der Brauch, den »Hennendreck« erschlagen. Zum Gaudium der Beteiligten bekam er daraufhin, wie im Buch *Das Tiroler Bauernjahr* ausgeführt, drei Strohkränze aufgesetzt: »Ein Strang kam um den Kopf herum, zwei andere wurden in Kreuzesform darüber gewölbt und zur Vervollständigung der Narrenhände mit roten Bändern durchflochten.« Solcherart maskiert wurde der Gefoppte dann mit einem Karren durchs Dorf gezogen. Höhepunkt des derben Schwanks war das »Hennenmahl«, bei dem man zwei Teller vor ihm auf den Tisch stellte – einen mit bestem Essen, den anderen mit Hühnermist. Erst nachdem er beide Teller geleert hatte, wurde dem Missetäter der Strohkranz abgenommen und er selbst aus seiner misslichen Position entlassen.

Die wichtigsten Arbeiten im Herbst waren das Flachsbrecheln und das Scheren der Schafe. Der Flachs wurde im Brechelofen geröstet, anschließend auf einem hölzernen Gerät gebrechelt, also gebrochen. Die hölzernen Reste, die nach dem Brecheln im Flachs verblieben waren, wurden beim Flachsschwingen regelrecht herausgeschleudert. Der letzte Arbeitsschritt war das Hacheln: Beim Ausstreifen auf einem Nagelgerüst wurden die Flachsfasern für das Spinnen vorbereitet. Beim Spinnen, der Winterarbeit in der warmen Stube, entstand schließlich Garn, mit dem dann Leinen gewebt wurde.

Die Schafschur dagegen war eine Tätigkeit, die neben einer gewissen Kunstfertigkeit vor allem rohe Kraft forderte, doch die Schafe lieferten die Wolle für die Socken. Schafscherer waren und sind Spezialisten, die das Rohe mit Feingefühl zu verbinden verstehen. Der Knecht führte dem Scherer das Schaf am Anger zu. Es wurde gefesselt und rücklings auf eine Bank gelegt, um es bewegungsunfähig zu machen. Dann nahm ihm der Scherer die Wolle ab. Die Schafhirten, zur Untätigkeit verdammt, gingen in der Zwischenzeit einem Privatvergnügen nach, das durchaus als Ritual bezeichnet werden kann: Sie streiften über Feld und Flur und knallten mit ihren Geißeln, den langen Peitschen, was das Zeug hielt – als Ausdruck ihres beruflichen Stolzes. Mitte Oktober verlagerten sich die Tätigkeiten am Hof immer mehr von außen nach innen. Die Arbeit am Feld war getan, die Ernte eingebracht. Der einzige Acker, dem noch sein Urbar abgerungen werden musste, war der Erdäpfelacker. Wie die Aussaat eine reine Frauenarbeit. Diese machten den Rücken krumm und hackten mit dem »Kral« die Erde auf, um die Knollen auszugraben. Desgleichen geschah mit den Rüben, die in den vor den Arbeitenden stehenden Körben abtransportiert wurden. Mit diesem letzten Einbringen der Feldfrüchte war das Bauernjahr beendet.

Spätestens an Martini, dem 11. November, war wirklich nur mehr Hausarbeit angesagt. Da hieß es für die Frauen am Hof, um vier Uhr früh aufzustehen und bis neun Uhr abends am Spinnrad zu sitzen. Den Winter betreffend, hielt sich einst das Sprichwort: »Wenn der Bauer nicht muss, rührt er weder Hand noch Fuß.« Es stimmte – bedingt. Selbstverständlich war die »staade Zeit« eine, in der sich die Hofleute von der mühsamen Arbeit in den drei restlichen Jahreszeiten ausrasteten. Jedoch: Die Frauen ruhten nicht, im Gegenteil. Und auch Fütterer und Melker hatten im Winter genug zu tun. Spätestens um 4.30 Uhr früh musste das Vieh gemolken, gefüttert und getränkt werden. Während die Kühe fraßen, holte der Melker den Melkstuhl und molk das beschäftigte Vieh. Es wurde Kleinzeug ausgebessert, Körbe wurden geflochten, Besen gebunden. Und schließlich konnte das »Mistschinden«, das Ausführen des Düngers auf die Äcker, nicht ausbleiben.

Im Winter wurden auch die beliebten Bauernspiele durchgeführt. Die Nikolaus-, Weihnachts- und Dreikönigsspiele waren derb, aber auf die handelnden Personen zugeschnitten. Meist wurden im Rahmen dieser Spiele auch die an den Abenden entstandenen Volkslieder zur Aufführung gebracht. Und die Frauen? Die hockten daheim am Spinnrad und spannen Erzähl-Garn. Doch so idyllisch, wie es klingt, waren die Winter in den Alpen dann doch nicht. Im Gegenteil: Sie führten bei aller Geselligkeit zu einer Vereinzelung der Dörfer, denn diese waren oftmals voneinander abgeschnitten. Bei heftigem Schneefall konnte es oft wochen- oder sogar monatelang zu Talsperren kommen. Bei heiteren Bedingungen zeigten sich die Alpen in ihrer schneeweißen Pracht als Postkartenansicht, doch wehe, das Wetter schlug um. Dann bedrohten gefährliche Stürme und Lawinen die Alpenbewohner. Vereiste Bäche, versteckt unter der tückischen Schneedecke, schlüpfrige Brücken, die nur aus zwei Baumstämmen bestanden, und schneeverwehte Hänge machten die Fußmärsche zu lebensgefährlichen Abenteuern. Unzählige »Marterln«, die den Verunglückten gewidmet sind, erinnern an die harten Winter anno dazumal.

Es gab nur zwei zwingende Gründe, sich im Winter aus dem Dorf oder dem Tal fortzubewegen, hinauf in die Berge. Der eine galt dem Holz. Brennholz musste nach mehrstündigem Aufstieg auf dem Ziehschlitten nach unten ins Tal gebracht werden. Bauholz schoss über Holzrisen, schlangenlinienförmige Holzrinnen, die sich vom Berg ins Tal wanden, von oben nach unten. Dieses sogenannte Holzschießen konnte nur bei Eisesglätte stattfinden. Meist waren die Baumstämme im Frühjahr schon entrindet und entästet worden, im Sommer und Herbst lagerten sie zur Trocknung, und im Winter schleppte man sie mithilfe der Rösser zu den eigens errichteten, nunmehr vereisten Risen.

Das Einführen des Bergheus war eine ebenso harte Arbeit, die sich jedoch den jungen, kraftstrotzenden Burschen als geselliges Vergnügen gestaltete. Mühsam war zunächst der Anstieg. Die »Heuzieher« stapften im meterhohen Schnee zum Heustadel am Berg hinauf. Dabei ließ man die schweren Schlitten auf der Höhe der Holzrisen zurück. Das Heu selbst band man zu »Burden«, Kugeln, und ließ diese den Hang bis zur Rise hinunterkollern. Dort wurden die Schlitten schwindelerregend hoch beladen. Der Heuzieher nahm zwischen den Kufen Platz, stemmte die Füße in den Schnee und geleitete in rasanter Fahrt, immer wieder mit den Stiefelabsätzen abbremsend, seine Fracht ins Tal. Wir können nur erahnen, wie gefährlich so eine Abfahrt gewesen sein muss. Allein die Ahnung jedoch hilft zu verstehen, warum die Alpenbewohner Halt in ihren Riten suchten.

Dem harten Arbeitsalltag konnten sie nicht entrinnen: Was getan werden musste, musste getan werden, egal, wie gefährlich oder beschwerlich es auch war. Aber es gab das Allheilmittel des Ritus, des mit einem Nothelfer in Verbindung gebrachten Brauches. Der Heilige, dem man an seinem Feiertag mit einem ganz speziellen Zeremoniell gedachte, lohnte einem die Andacht, indem er seine schützende Hand über die Schutzbefohlenen hielt. Nichts anderes ist ein Ritual: ein Schutzmittel. Im Alpenland hat es auch die Funktion, durch ständige Wiederholung Halt zu geben. Begegnen wir also den Heiligen und den ihnen gewidmeten Ritualen im Wissen um ihre Kraft und Schutzfunktion für die einstigen Bewohner der Alpen. Und denken wir dabei an die Aussage des englischen Staatsmannes Thomas Morus: »Tradition ist nicht die Bewahrung der Asche, sondern die Weitergabe des Feuers.« Denn Rituale mögen zwar heute für uns keine Schutzfunktion mehr haben. Sie können uns aber Halt geben. Halt in haltlosen Zeiten.

Am Feiertag Peter und Paul, dem 29. Juni, begleitet die Ortskapelle von Muhr im Lungau die »Prangstangen-Prozession«.

Rituale und Brauchtum

Vom Neujahrstag bis zu Silvester,
vom Osterfestkreis bis zum Weihnachtsfestkreis:
Leben und Feiern durchs ganze Jahr.

Neujahrstag

Ein neues Jahr beginnt. Feuchtfröhlich, wie das alte geendet hat. Ich lebe im Dorf. Ich bin nicht aus der Welt. Und doch bin ich in eine andere Welt geworfen. Habe hier neue Freunde gefunden, eine andere Güte des Lebens entdeckt: das Miteinander-Leben. Das Dorf eint. Gemeinschaft ist hier kein leerer Begriff. Man muss sich allerdings auf diese Gemeinschaft einlassen. Das habe ich von Anfang an verstanden. Ich habe ganz bewusst von Anbeginn zu Hause die offene Türe eingeführt: Seid mir willkommen! Diese Willkommenskultur wurde angenommen. Und sie wird erwidert. Die Gastfreundschaft ist hier im Dorf die am intensivsten gelebte Freundschaft. Also treffen meine Freunde am Vormittag des neuen Jahres bei mir ein, um die Reste des Vorabends zu vertilgen. Ich liebe solche Feste nach dem Fest. Du sitzt zusammen, isst, was noch da ist, trinkst, was noch da ist. Und freust dich des Lebens. Genau das ist es letztlich, was den ersten Tag des Jahres ausmacht. Er steht im Zeichen des »Willkomm'«: der Begrüßung des neuen Jahres! In Wien schloss man aus der ersten Person, die man an diesem Tag sah, sein ganz persönliches Schicksal. »Angang« nannte man dieses Ritual. Und am liebsten war es dem g'standenen Städter, wenn er eines kleinen Buben ansichtig wurde. Versprach dieser doch weitaus mehr Glück als, nur zum Beispiel, eine Nonne.

Was dem Wiener der Angang, war am Land das »Ansingen«. Gesungenes in gereimter Form. Vielstrophig. Und einer klaren Struktur folgend: Zuerst kam der Gruß, dann wurden die Glückwünsche gesungen. Danach – schließlich handelte es sich um einen »Heischebrauch«, bei dem offiziell gebettelt werden durfte – um milde Gaben gebeten. Daraufhin gab es einen anständigen Dank: ein »G'hört sich«. Und zum Abschied folgten noch ein paar in Noten gefasste Zeilen. Geselligkeit pur. Ich kenne bei solchen Nachfeiern keine Schlagseite. Im Gegenteil: Sie beflügeln mich. Geben mir Kraft. Kraft, die ich brauche. Jahr für Jahr nehme ich mir vor, absichtslos in den Tag zu leben, um ihn ganz bewusst zu erleben. Jahr für Jahr scheitere ich daran. Aber schließlich heißt es ja so schön: Der Weg, mein Weg, ist das Ziel.

Sternsinger

Der Weg als Ziel. Das ist auch die allgemeingültige Botschaft, die uns die Sternsinger Jahr für Jahr vermitteln. Wobei: Was ist die Geschichte von den Heiligen Drei Königen anderes als biblischer Klatsch? Drei Sterndeuter machen sich auf den Weg, um ein Neugeborenes in einem Stall aufzusuchen. Sie behaupten, den Stern des Neugeborenen aufgehen gesehen zu haben. Das genügt, um sich mit wertvollen Geschenken auf den Weg zu machen.

Gehen wir zurück in der Geschichte. Im Alpenland ist das Sternsingen ein traditioneller Brauch der römisch-katholischen genauso wie der altkatholischen Kirche. Aufzeichnungen des Klosters St. Peter in Salzburg belegen ein erstes Sternsingen im Jahr 1541. Besonders nach 1560 verbreitete es sich und verband sich dabei mit dem zu dieser Zeit gebräuchlichen »Ansingen« durch Schülerchöre beim Fest der Heiligen Drei Könige. Die Gelehrten, die dem Stern über Jerusalem bis Betlehem folgten, waren Astronomen und Astrologen. Ihr Besuch beim neugeborenen Messias fand bereits lange vor der ersten urkundlichen Erwähnung hierzulande statt: nämlich in den liturgischen Spielen der ersten Jahrtausendwende. Der Brauch wollte es, dass die abendländischen Nachahmer der Weisen aus dem

Morgenland bei ihrem Einzug mit Gesang als Requisit einen Stern in Form eines Leuchters vor sich hertrugen.

Heutzutage ist die Dreikönigsaktion die größte Spendenaktion des Landes: Kinder der katholischen Jugend gehen mit ihren Begleitern um und sammeln Spenden für Dritte-Welt-Länder. Es sind meist Burschen, die sich als die drei Könige verkleiden. Anno dazumal zogen erwachsene Männer durch die Ortschaften. Auf einer Stange trugen sie einen transparenten Stern. Seine Vorderseite zeigte Maria mit Kind, die Rückseite die Sternsinger. Deren Lieder waren zumeist geistlichen Inhalts. Trafen zwei Gruppen aufeinander, kam es zum durchaus weltlichen Wettstreit um den liturgischen Bart des Propheten. Der Verlierer des Streites musste an den Gewinner den Stern abgeben. Doch seit der Männerverein Kirche auch Ministrantinnen zum Gottesdienst zulässt, gehen auch verkleidete Mädchen mit. Und weisen damit auf die Ursprünge dieses tief im Volksglauben verankerten Brauches hin. Einst waren nämlich Frauen die Protagonistinnen dieses Raunacht-Rituals. Genauer gesagt: eine Frau. Ein zerlumptes altes Weib, dem man magische Kräfte zuschrieb: die Percht. Folgerichtig nannte der Volksmund die letzte Raunacht »Perchtennacht«. Den ganzen Tag sowie die Nacht auf den sechsten Jänner hingegen nannte er den »Obersten«. Mit diesem Datum begann für den Bauern einst das neue Jahr – das »Ende der Zwölften«, der Nächte zwischen der Zeit. Am »Zwölfer«, wie er auch genannt wurde, schlug man sich noch einmal kräftig die Bäuche voll, mit drei Speisen, was auf einen weiteren Begriff verweist: »Dreimahlnacht«. Von jeder der Speisen stellte man einen kleinen Rest aufs Hausdach. Die Percht, die in der Nacht durch die Lüfte flog, labte sich daran. In der Obersteiermark war das die sogenannte Perchtenmilch. Ihr wurde besondere Fruchtbarkeit zugeschrieben. Im Tiroler Brixental zieht noch heute am Dreikönigsabend die Percht mit den unschuldigen Kindern in ihrem Gefolge um. Die Schar wird mit Perchtenkrapfen verköstigt. Woraufhin sie übers Flachsfeld fliegt, was auf gute Flachsernte im Frühjahr rückschließen lässt. Mit dem »Perchtenspringen« der jungen Burschen wird dieser Brauch lebendig gehalten. Sie springen über ein offenes Feuer, um die Angebetete mit ihrem Mut zu beeindrucken. Ein stimmiger Spruch lautet: »Wie der Perchtensprung am Haarfleck, so wächst das Haar.« Gemeint ist der Flachs.

Aber was hat es nun eigentlich mit der Buchstabenkombination »C/K + M + B« auf sich? Gemeinhin kennen wir sie als Anfangsbuchstaben der Könige Caspar, Melchior und Balthasar. Die ursprüngliche landläufige Deutung ist davon gänzlich verschieden. In manchen Regionen wird sie von den drei Schutzheiligen Katharina, Margaretha und Barbara hergeleitet. Was wiederum auf einen starken Dreifrauenkult im Aberglauben des alpenländischen Raumes hindeutet. Ein Kult, der der Kirche ein Dorn im Auge war und daher nicht nur verchristlicht, sondern auch gleich vermännlicht wurde. Ein Umstand, der nochmals den Volksmund auf den Plan ruft, dessen pointierte Deutung der magischen Buchstaben nicht auszulöschen ist. Heißen da doch die Kürzel schlicht: »Cathl, mach 's Bett.«

Bei Nacht und Nebel unterwegs: die Metnitzer Kinisinger, ein Weltkulturerbe aus Kärnten

Lichtmess-Tag

Der zweite Februar, Mariä Lichtmess, ist ein Lostag. An ihm zeigt sich das Wetter der kommenden Wochen. Bezeichnend ein alter Spruch im Alpenraum: »Lichtmess im Klee, Ostern im Schnee.« Traditionell war dieser Tag dem Wechsel der Knechte auf den Bauernhöfen gewidmet. Er war also der erste Arbeitstag eines Knechtes unter dem neuen Dienstherrn. Das sogenannte »Eheleuten« begann mit einer schmutzigen, aber notwendigen Arbeit: dem Abtragen des Misthaufens. Den Winter über war er zumeist zu stattlicher Größe angewachsen. Nun wurde er Wagen um Wagen vom Hof gebracht und als Bio-Dünger auf den umliegenden Wiesen ausgestreut.

Der Bauernwinter war zu Ende. Feierte man zu Allerseelen seinen Beginn urtümlich mit drei weißen Opfergaben, nämlich Käse, Milch und Brot, die man am Hof eines Verstorbenen der Percht in den Hauseingang stellte, so beging man sein Ende wieder mit einer Brotgabe. Diesmal allerdings für die Tiere im Stall. Ein Stück Brot wurde mit dem Wachs der »Heilignachtkerze« beträufelt und dem Vieh als Beigabe ins Futter untergemischt. Die Percht hatte sich vom alten Weib des Winters zum jungen Mädchen, einer Frühlingsbotin, verwandelt. Der Übergang von der dunklen zur hellen

Jahreszeit war gekommen. Das alte bäuerliche Symbol dieser Übergangszeit ist das Licht. Dem Wachs der Kerzen sprach man dabei besondere Wirkkraft zu. Der helle Tag verdrängte die Nacht im Eilschritt. Ein Kinderreim beschreibt diesen Übergang in poetischen Bildern: »Von Weihnachten bis Neujahr wächst der Tag, so weit die Mücke gähnen mag. Bis Dreikönig wächst der Tag, so weit der Hahn krähen mag. Nach Lichtmess wächst der Tag, so weit der Hirsch springen mag.«

Aber nochmals zur Kerze und deren Licht. Die Bäuerin lässt in der Messe an Mariä Lichtmess eine große, breite Kerze weihen. Diese wird in der Heiligen Nacht – meist nach dem Besuch der Mitternachtsmette – angezündet. Und darf nun, so will es der Brauch, bis zum Stefanitag nicht mehr erlöschen. Sie bringt damit in der dunkelsten Zeit des Jahres das Licht, das dem Landwirt gleichbedeutend mit dem Leben an sich ist, ins Haus. Würde die Kerze erlöschen, bedeutete das der landläufigen Überlieferung nach Unglück, ja sogar den Tod. Ausgestorben ist hingegen das Ritual, den Christbaum bis Mariä Lichtmess stehen zu lassen. Aufgrund der niedrigen Luftfeuchtigkeit in unseren beheizten Räumen nadelt er vor der Zeit und wird meist an Dreikönig entsorgt.

Valentinstag

Ich mache mich am Valentinstag auf den Weg ins kleine Alpendorf Bramberg, um im »Salzburger Wollstadel« der Fertigung eines gewalkten Sitzkissens beizuwohnen. Drei Frauen sind es, die dieses Handwerk buchstäblich beleben. Drei Frauen aus drei Generationen: Großmutter Hildegard Enzinger, 67, Mutter Adelheid Kaiser, 47, und Tochter Viktoria, 23. Adelheid, die Betreiberin, zeigt mir, wie's geht, Hildegard, die Gründerin, erzählt mir währenddessen von der wechselvollen Geschichte des Kleinods. Und die Tochter Viktoria? Die muss gleich nach der Begrüßung nach Hause zu ihrem kleinen Sohn. »Ich hab ma denkt, wir nehmen heut a Herzerl«, sagt ihre Mutter Adelheid. Und legt das rote Filzherz, das ihr Sitzkissen zieren soll, gleich einmal zur Seite.

Der Valentinstag: Verliebte, Verlobte und Verheiratete nutzen die Gunst dieses Tages, um sich ihrer Zuneigung zu versichern. Der große Dramatiker (auch) der Verliebten, William Shakespeare, gerät in seinem »Hamlet« ins Schwärmen:

Auf morgen ist Sankt Valentins Tag,
Wohl an der Zeit noch früh,
Und ich, 'ne Maid, am Fensterschlag,
Will sein eu'r Valentin.

Er war bereit, tät an sein Kleid,
Tät auf die Kammertür,
Ließ ein die Maid, die als 'ne Maid
Ging nimmermehr herfür.

Eine von vielen Legenden besagt, ein Mönch namens Valentin hat den schönen Brauch der Nächstenliebe ins Leben gerufen, als er einst, im 11. Jahrhundert, missratene Rosen achtlos über die Klostermauer warf – und eine junge Frau mitten im Gesicht traf. Doch statt sich über das dornige Wurfgeschoss zu ärgern, freute sie sich über die Fürsorge ihres Begleiters. In dem Moment wusste sie: Er ist der Richtige. Sie bat den Mönch, ihr Trauzeuge zu sein. Fortan schenkte der Gottesmann allen Vorbeikommenden – jungen Pärchen, älteren Ehepaaren, Familien mit Kindern, aber auch Alleinstehenden – Blumen aus seinem Klostergarten.

Im Jahre 1797 brachte ein britischer Verleger das Werk »The Young Man's Valentine Writer« heraus, das viele Verse für junge Liebhaber enthielt, die nicht selbst dichten konnten. Die Karten sind längst von der digitalen Post abgelöst. Der poetische Blumengruß erfreut sich bis heute großer Beliebtheit.

Fasching

Der Fasching wird im Alpenraum gleichgesetzt mit dem Tag vor Aschermittwoch: dem Faschingsdienstag. In Wahrheit handelt es sich im ländlichen Bereich um die Zeit zwischen Mariä Lichtmess und Mitternacht vor dem Aschermittwoch. Die vierzigtägige Fastenzeit wurde einst von der Kirche zur »geschlossenen Zeit« erklärt: Es durften keine Veranstaltungen abgehalten werden. Nach dem Prinzip »Zuckerbrot und Peitsche« erlaubte der Klerus seinen Schäfchen daher in den Wochen davor jede nur erdenkliche Freiheit. Der Gegenpol zur »geschlossenen Zeit« wurde kurzerhand zur »Zeit der verkehrten Welt« erklärt. Religionsphilosophisch berief man sich damit auf die Zwei-Welten-Lehre des heiligen Augustinus. Der Narr als Verkörperung des Teufels führte hin zum Reich Gottes. Der Lärm und das Vergnügen standen der Ruhe und dem Frieden gegenüber.

Frieden finden wir in der Beichte. Die früher übliche Bezeichnung »Beichtdienstag« deutet eher noch auf die religiöse Bedeutung des Fastnachtsdienstags in der Kirche hin. Einst wurde er als Tag des vierzigstündigen Gebetes verstanden und diente der geistlichen Vorbereitung auf die am Aschermittwoch beginnende Fastenzeit. Diese Zeit vor der »Aussetzung des Allerheiligsten« verband sich auch mit dem Gebet zur stellvertretenden Sühne für die im Karneval begangenen Sünden.

Der Faschingsdienstag hieß früher korrekt Fastnacht: der Vorabend der Fastenzeit. Diese »fetten Tage« wurden in der Steiermark von den sogenannten »Flinserln« gefeiert, noblen Herrschaften, die durch die Gassen von Bad Aussee zogen. Ihre Kostüme waren mit schmuckvollen Ornamenten, Pailletten und Borten verziert. Sie trugen eine weiße Halskrause wie ein Marktrichter und hohe, spitze Hüte, die auf die »hohen Herren« hinwiesen. Das Kind, das einen lustigen Faschingsspruch aufzusagen wusste, belohnten die Flinserln mit Nüssen.

Brachial-rustikal ging es hingegen in Kärnten zu. Hier wurde im Fasching ein Rügebrauch veranstaltet, das sogenannte Blochziehen. Hatte es im Vorjahr keine Hochzeit gegeben, mussten die ledigen Frauen des Dorfes einen Baumstamm, ein Bloch, durch die Ortschaft ziehen. Mit Peitschenknallen begleiteten die aufgewühlten Burschen die armen Frauen. Oft saß eine Strohpuppe, stellvertretend für die Verschmähten, am Bloch, die dann im Dorfbrunnen versenkt wurde. Im kärntnerischen Slowenien nahmen die Burschen die Sache gleich selbst in die Hand. Sie verkleideten sich als Mädchen oder als alte, »übrig gebliebene« Frauen und zogen zum Haus einer Zaudernden, die ihren Liebhaber verschmäht hatte. Diese wurde mit Spottliedern und Schmähreden »gerügt«.

Im oberösterreichischen Grünautal gibt es noch heute die Bälle der Holzknechte. Die Flößer laden zum traditionellen »Flötzerball«. Dabei führen sie mit ohrenbetäubendem Lärm Parodien ihrer Tätigkeit aus. Sie wühlen den Schnee auf, als wäre er wildes Wasser, oder stellen zum allgemeinen Gaudium das Auffahren des Floßes dar. Eine Kuriosität war übrigens bis 1913 in Wien üblich: Da die Fiaker im Fasching Hochsaison hatten, feierten sie am Aschermittwoch.

Apropos Fasching. Mir persönlich wurde dessen ursprüngliche Bedeutung an einem denkwürdigen Faschingsdienstag vor einigen Jahren an meinem Wohnort Purbach erstmals bewusst. Eigentlich hätte, wie jedes Jahr, ein Krenfleischessen stattfinden sollen. Eine bewährte Volksausspeisung in der Halle der Freiwilligen Feuerwehr. Am Wochenende vor Faschingsdienstag allerdings war einer der Florianijünger tragisch aus dem Leben geschieden. Das Essen übernahm also das benachbarte Kaffeehaus. Einer der Stammgäste, ein leidenschaftlicher Koch, bereitete das Krenfleisch zu: mageres Schwein mit Unmengen an Kren und Grünzeug. Die Stimmung war bedrückt, dem tragischen Vorfall entsprechend. Gleichzeitig ging eine heitere Ausstrahlung von der Kellnerin aus, die im Pumuckl-Kostüm servierte.

Der Gegensatz zwischen Kostüm und Trägerin war auffällig. Eine kleine, schwarzhaarige Spitzmaus mit süßem Lächeln. Ihr kindlich-anarchischer Auftritt verblies die trüben Gedanken wie von Zauberhand.

Nach dem sättigenden Mahl ging es weiter zur abendlichen Verkleidungsparade beim Dorfwirten. Der Dorferneuerungsverein gab sich ein feuchtfröhliches Stelldichein. Rote Pappnasen inklusive. Ich kam in Zivil. Alles andere schien mir an diesem Tag der Trauer unpassend. Prompt steckte mich der Dorfwirt in eine eigentümliche Kochjacke und diente mir seine karierte Kochhose an. Zum Gaudium der Allgemeinheit bat er mich in die Küche: Das Geschirr stehe zum Abwasch bereit. Sein Auftritt und die Heiterkeitsbekundungen sollten mir eine Lehre sein: Es gibt die rechte Zeit für Trauer. Und es gibt die rechte Zeit für Vergnügen. Wir alle, die wir den Verunglückten gekannt hatten, feierten an diesem Faschingsdienstag sein Leben in unserer Mitte und verschoben die Trauer über sein Ableben auf den kommenden Tag.

Ein besonderes Bauwerk der Landjugend in Lessach im Lungau: der Holzturm, der am Karsamstag fürs Osterfeuer angezündet wird

OSTERFESTKREIS

Mit dem Aschermittwoch beginnt
die Fastenzeit und damit auch der Weg
bis zum Ostersonntag, dem höchsten
katholischen Feiertag des Jahres.
Eine Zeit der inneren Einkehr und des
Gebets, während in den Tälern des Alpenraumes die Natur wieder zum Leben
erwacht und die Arbeit am Feld beginnt.
Bis zum Pfingstsonntag, Sonnenfest und
Tag der Fürbitten, an dem die sommerliche Geschäftigkeit endgültig wieder
Einzug ins Bauernleben hält.

Aschermittwoch

Der Tag der Asche. Mit ihm beginnt die vierzigtägige Fastenzeit. Sie erinnert an jene vierzig Tage, die Jesus fastend und betend in der Wüste verbrachte, den Versuchungen des Teufels ausgesetzt – und ihnen widerstehend. Erst nach dieser Zeit der inneren Einkehr und Buße begann sein öffentliches Wirken. Im Volksmund haben sich in Verbindung damit die Redewendungen »in Sack und Asche gehen« und »Asche auf das Haupt streuen« eingebürgert. Doch der Reihe nach.

Es ist Brauch, an diesem Tag in einem Gottesdienst die Asche der verbrannten Palmzweige des Vorjahres zu weihen. Die Gläubigen erhalten als heilwirksames Zeichen das Aschekreuz auf ihrer Stirn. Einen Hinweis auf diesen Brauch finden wir bereits im Alten Testament, wo es heißt: »Ich richtete mein Gesicht zu Gott, dem Herrn, um ihn mit Flehen, bei Fasten in Sack und Asche, zu bitten.« Im frühen Christentum mussten Menschen, denen eine Kirchenbuße auferlegt worden war, ein Bußgewand anziehen. Sie wurden anschließend mit Asche bestreut und – in Anlehnung an die Vertreibung Adams und Evas aus dem Paradies – bis Gründonnerstag aus der Kirche vertrieben. Diese gesellschaftliche Ächtung fand erst Ende des 10. Jahrhunderts ein Ende. Das Bestreuen mit Asche bei Männern und das Aschekreuz bei Frauen aber blieben. Heute bekommen beide Geschlechter das Aschekreuz: als Erinnerung an die eigene Vergänglichkeit. Das Zeremoniell während der heiligen Messe ist überall im Alpenland dasselbe. Der Priester, im feierlichen Chormantel, segnet die Asche der vorjährigen Palmbuschen im Gebet und durch das Weihwasser. Die Gläubigen treten vor den Altarraum. Der Spender bekreuzigt sie mit der Asche, dabei die salbungsvollen Worte sprechend: »Bedenke, Mensch, dass du Staub bist und zum Staub zurückkehrst.« Unmittelbar an dieses Ritual schließen sich die Fürbitten an. »Am Aschermittwoch ist alles vorbei ...«, heißt es launig unter Narren. Doch dieses Ende markiert dem Christen erst den Anfang: die Besinnung auf das Wesentliche, die Buße und den Verzicht. Sie dienen alle einem heiligen Zweck: der Vorbereitung auf Ostern, das höchste Fest im Kirchenjahr. Die Asche ist Symbol dafür, dass Altes vergehen muss, damit Neues entstehen kann. Das Aschekreuz auf der Stirn ist das sichtbare Zeichen für diese Erkenntnis. Bedeutet dem Gläubigen doch erst das Kreuz den Anfang eines ewigen Lebens.

Fastenzeit

Vierzig Tage also dauert die Zeit der inneren Einkehr. Früher wurde die Fastenzeit streng eingehalten, vierzig Tage lang, wobei es zwei Zählarten gibt. Einmal von Aschermittwoch bis Karsamstag (für den, der die Sonntage als Fastentage auslässt). Und einmal bis Palmsonntag, dem Beginn der heiligen Woche (die Sonntage inbegriffen). Sei's drum: Wird heutzutage doch meist ohnedies nur mehr am Aschermittwoch und am Karfreitag gefastet. Was sich bis heute gehalten hat, ist das Loslassen von Gewohntem, das Einlassen auf neue Erfahrungen. Wer diese Reinigungszeit tatsächlich ernst nimmt, der verzichtet. Und das vierzig Tage lang. Egal, nach welcher Zählart. Fasten ist zwar religiös motiviert. Es kann einem spirituelle Erkenntnisse bringen. Heutzutage aber ist es vor allem auch ein Allheilmittel, wenn unterm Jahr die üblichen Diäten nicht wirklich Erfolge nach sich ziehen – ob Heilfasten, Intervallfasten oder das Fasten, um abzuspecken. In den sechs Wochen der Vorbereitung auf das Hochfest der Kirche fällt es leichter, auf Fleisch zu verzichten, als in den Monaten davor und danach. Wir haben einen klar begrenzten Zeitraum mit einem jährlich wiederkehrenden Anfang und einem lohnenden Ziel: dem Völlern an den Osterfeiertagen.

Bereits Hippokrates, der Philosoph unter den Ärzten, gab die Losung aus: »Eure Nahrung sei euer Heilmittel, und euer Heilmittel sei eure Nahrung. Die vornehmste aber und wirkungsvollste Art, euren inneren Arzt wirken zu lassen, besteht im Weglassen aller Nahrung, also in der Entsorgung des Körpers.«

So schmeckt Fasten: Die Stosuppe mit Erdäpfeln ist eine vor allem in Niederösterreich und der Steiermark beliebte Fastenspeise.

Scheibenschlagen

Ein uralter Brauch, nicht in der Kirche verortet, sondern mit den christlichen Riten einhergehend – das ist das Scheibenschlagen am ersten Sonntag nach dem Aschermittwoch. In Tirol und Vorarlberg wird der Brauch noch heute ausgeübt. Außerhalb Österreichs ist im Alpenraum besonders das Vinschgau in Südtirol bekannt für dieses Frühlings- oder Fruchtbarkeitsritual. Kurt Derungs beschreibt den Ablauf im Vinschgau in seinem lesenswerten Buch *Die Seele der Alpen*: »Schon eine Woche vor dem Funkensonntag bereiten die Burschen die Holzscheiben vor. Birkenscheiben mit einem Loch in der Mitte, die entweder rund oder eckig sind.« An besagtem Funkensonntag wird Brennholz gesammelt. Auf den Hügeln der Vinschgauer Orte Schlanders, Kortsch, Schluderns und Tartsch werden mit Stroh umwickelte Stangen zu sternförmigen Rauten aufgestellt, als Symbol für die Liebe. Dann wartet die Gruppe die Dämmerung ab. An Haselstecken werden die Scheiben ins Feuer gehalten. Wenn sie glühen, schwingen die Burschen die Rute um die eigene Achse und »schlagen die Scheibe wuchtig an einem Holzblock ab, sodass sie im hohen Bogen über die Landschaft fliegt und in der Nacht eine funkelnde Lichtspur hinterlässt«. Ein naturmagisches Ritual, das im Aberglauben, nicht aber im Christentum verankert ist. Es existiert seit Jahrhunderten unverändert. Mit dem glühenden Funkenschlag in der Nacht, vom Hügel hinunter ins Tal, wird die Sonne nachgeahmt. Sie steigt ja nach der Wintersonnenwende immer höher. Die glühende Scheibe kennzeichnet den Übergang vom Winter zum Sommer: Die Sonne lässt den Schnee auf den Wiesen schmelzen; die Äcker sind bereit für die Aussaat. Zu guter Letzt – ein Initiationsritual – erfordert das Schlagen der Scheiben enorm viel Geschicklichkeit. Der junge Mann will dabei traditionell seiner Angebeteten imponieren. Je weiter die Scheibe ins Tal fliegt, umso höher steigt er in der Gunst der Geliebten. Der Fruchtbarkeitsbrauch als Liebesritual. Die Kraft der Liebenden verbündet sich mit den Naturkräften. Dereinst gab es ganz spezielle Holzscheiben, größer als die heutigen. Sie waren mit dem sternförmigen Zeichen der Liebesgöttin Venus bemalt. Die Mädchen, für die die Scheiben geschlagen wurden, bewahrten sie als Liebespfand auf. Dahingehend ist auch der noch heute gebräuchliche Spruch zu verstehen:

Scheib aus, Scheib ein.
Flieg übern Rain.
Die Scheib, die Scheib
soll meiner Allerliebsten ihre sein.

Erster April

Eigentlich ist er ja der klassische Unglückstag, der erste April. Im Bauernkalender gilt der erste Tag eines jeden Monats als Unglückstag. Vor allem gilt dies wiederum für den ersten April. An diesem Tag wurde Judas Iskariot geboren; an diesem Tag erhängte er sich auch; an diesem Tag fand der Himmels- oder Engelsturz statt. Außerdem fällt er unter die »verworfenen Tage«, die »Schwendtage«. Diese kritischen Tage oder, wie sie die wetterabhängigen Bauern nannten, Schicksalstage prägten das Bauernjahr.

Das In-den-ersten-April-Schicken ist in Bayern als Brauch ab dem Jahr 1618 belegt. Das Wort »Aprilnarr« findet sich erstmals in der zweiten Hälfte des 17. Jahrhunderts. Im 18. Jahrhundert formuliert Abraham a Santa Clara schließlich: »Heut ist der erste April, da schickt man den Narren, wohin man will.« Das Wort »Aprilscherz« scheint allerdings erst im 19. Jahrhundert aufgekommen zu sein. Das Wörterbuch der Brüder Grimm kennt diesen Begriff noch nicht. Wer genau der Aprilnarr ist, ist nicht endgültig geklärt, denn zum »April-Schicken« gehören zwei: einer, der sich schicken lässt, und einer, der schickt. Gewöhnlich wird der, der sich schicken lässt, als Aprilnarr bezeichnet – und er wird nicht freiwillig zu einem solchen. Im Gegenteil, er will überhaupt nicht närrisch sein. Er lässt sich aber dadurch zum Narren machen, dass er einen Narrenauftrag, später Aprilscherz genannt, als solchen nicht erkennt. Übrigens: Wer einen anderen in den April geschickt hat, muss sich nicht für sein Tun entschuldigen. Der Aprilnarr ist ein Narr auf Zeit, einer, der sein Narrsein als närrisch erkennt und keinesfalls ein Narr bleiben will. Wobei abschließend zu bemerken ist, dass das In-den-April-Schicken in der Form, wie es bis nach der Mitte des 20. Jahrhunderts üblich war, heute beinahe aus der Gesellschaft verschwunden ist. Heute schicken sich eher Kinder untereinander in den April – falls sie es überhaupt noch tun.

Pippi Langstrumpf lässt grüßen: Am 1. April steht die Kinderwelt kopf.

Palmbuschen binden am Palmsonntag

Der Palmsonntag erinnert an den Einzug von Jesus Christus in Jerusalem. Der »König der Juden« ritt auf einem Esel in die Hauptstadt des damaligen Palästina. Lange Zeit war der Esel mit holzgeschnitzter Jesusfigur deshalb beliebter Teil der dörflichen Prozession. Um gesund zu bleiben, ließ man im Anschluss an den Festakt die Kinder auf dem Esel reiten. Im Zuge der josephinischen Aufklärung wurde der Brauch als Ritual des Aberglaubens verboten. So auch, bereits 1782, der berühmte Nonnberger Palmesel in Salzburg. Ihm sagte man nach, er hätte die Last von Gold, Silber und Edelsteinen getragen. Bis heute existiert im Salzburger Klostermuseum ein Modell dieses Esels.

Das Osterfest, das älteste und wichtigste Fest im Kirchenjahr, beginnt eigentlich mit dem Aschermittwoch und der vierzigtägigen Fastenzeit. Doch mit dem Einzug Jesu Christi in Jerusalem, an den der Palmsonntag erinnert, beginnt der eigentliche liturgische Riten-Reigen, der dem Leiden, dem Tod und der Auferstehung des Herrn gewidmet ist. Das noch heute landauf, landab gepflegte Brauchtum ist die Palmprozession. Um den Hof vor Unglücksfällen, Viehausfall, Feuer oder Unwetter zu schützen, trägt der Bauer einen

Palmbuschen in die Kirche und lässt ihn im Rahmen der heiligen Messe weihen. Der Landwirt Johann Frühwald aus dem Mostviertel beschreibt das alte Wissen um die Kunst des Palmbuschen-Bindens. Wichtig ist bei diesem Zeremoniell die Einhaltung einer exakt vorgegebenen Reihenfolge. Es gilt, den Buschen immer in ungeraden Zahlen zu bestücken: entweder mit drei, mit sechs oder – wie bei Familie Frühwald vulgo »Hechal« üblich – mit neun Äpfeln. Ebenso wichtig ist es, dass die Palmkätzchen noch nicht voll aufgeblüht sind. Sonst fallen sie bei der Prozession ab. Daher werden bereits im Februar Palmzweige mit ganz kleinen Kätzchen geschnitten und kühl im Erdkeller eingelagert. Sie treiben dann nicht weiter aus. Gebunden wird der Palmbuschen am Tag vor der Prozession. Als Gerüst dienen die Weidenzweige mit den Palmkätzchen. Zu ihnen gesellen sich Zweige vom Zederngras, von der Stechpalme und Haselruten. Kunstvoll hineingeflochten werden Seidelbast, Eibe, Zypresse, Wacholder, Eiche, Heidekraut, Pappel, Efeu und Kirschlorbeer. Ganz zum Schluss steckt die Gattin des Bauern, Leopoldine, neun rote Äpfel auf. Dabei handelt es sich um die schönsten Äpfel. Diese werden aufpoliert und mit violetten Bändern verziert. Nach der Weihe wird dieses Symbol des Lebens, als das der Apfel auch gilt, am Nachmittag des Karfreitags gemeinschaftlich zur Jause verspeist.

Die Prozession durchs Dorf zur Kirche ist in vielen ländlichen Gebieten bis heute ein Ereignis. Oft werden dabei mannshohe Palmbuschen getragen, damit wird der Wohlstand offen zur Schau gestellt: »Ich trag den größten Buschen, ich bin der größte Bauer.« Auch wenn der Buschen erst mitten in der Nacht gebunden wird, weil vorher die Zeit fehlt – er wird gebunden und am Morgen stolz zur Kirche getragen.

Bis heute gibt es außerdem zahlreiche überlieferte Aberglauben rund um die Palmbuschen: Angeblich kann ein geweihter Palmbuschen Diebe stellen und zur tätigen Reue bewegen. Das Schlucken geweihter Palmkätzchen soll an Halsweh Leidende heilen. Und Weizen, der in einem Säckchen auf den Palmbuschen gehängt wird, schützt die Henne vor dem Fuchs. Aberglaube mit praktischem Mehrwert.

Kunstvoll arrangierte Palmbuschen sind bis heute sorgsam gepflegte Tradition im Alpenraum.

Gründonnerstag

Vorweg, um mit der immer wieder vermuteten Mär ein für allemal aufzuräumen: Das »Grün« im Gründonnerstag rührt nicht vom Spinat oder von der Brennnesselsuppe. Auch wenn beide gerne gegen Ende der vierzigtägigen Fastenzeit auf den Tisch kommen. Das Grünzeug kann im Grunde genommen als gesundheitsfördernder Übergang von der kargen zur sättigenden Zeit gesehen werden, um kräftig zu bleiben und den Magen vorzubereiten auf all die Köstlichkeiten, die ihn zu Ostern erwarten. Ebenso pflanzte und pflanzt die Hausfrau Blumen und Gemüse an diesem Tag aus, dann sollen sie besonders gut gedeihen. Genauso wie die Kräuter, denen wir ja ohnedies heilkräftige Wirkung zuschreiben.

Von alters her, und ganz korrekt, wird der Gründonnerstag auch »Hoher Donnerstag« genannt, da er der letzte Lebenstag Jesu ist. Beim Letzten Abendmahl übte Jesus einen orientalischen Brauch der Gastfreundschaft aus: Er wusch den zwölf Aposteln die Füße. Daher wäscht bei der Gründonnerstagsmesse vom Papst abwärts die Hohe Geistlichkeit zwölf armen Sündern ebenfalls die Füße. Ein mittlerweile auch liturgisches Ritual, das dem theatralisch-symbolischen Gestaltungswillen der Kirche geradezu entgegenkommt.

Die tiefgläubigen Habsburger machten sich diesen Brauch zu eigen, um weltliche Volksnähe zu zeigen. So kniete bis zu Kaiser Franz Joseph und seiner Sisi jedes Habsburger-Kaiserpaar vor zwölf ausgewählten Greisen und Greisinnen nieder. Die Erwählten mussten freilich unbescholten und sollten insgesamt 900 Jahre alt sein. In schwarzer Sonntagskleidung gewandet, besuchten sie mit dem Kaiserpaar gemeinsam den Gottesdienst. Nach dem Zeremoniell wurden sie mit einem viergängigen Menü verwöhnt, das weit über Spinat mit Ei hinausging. Reich beschenkt mit Weinkrügen aus Steingut, Zinnbechern und Damast-Handtüchern wurden die Greise anschließend standesgemäß mit einer Hofkutsche nach Hause gebracht.

In den Dörfern am Land bewegten den Kirchgänger mehr die fehlenden Glocken. Diese fliegen ja am Gründonnerstag nach Rom, wie es heißt. Daher übernahm die Dorfjugend das Kirchenläuten, das der zeitlichen Orientierung diente. Mit ihren selbst gebastelten Ratschen gingen die jungen Buben durch den Ort, um über die aktuelle Uhrzeit zu informieren. Dieses Ritual hat sich bis heute gehalten, im allseits beliebten »Ratschenumgang«. Waren es früher nur Buben, die »Ratschenbuam«, dürfen heute natürlich auch Mädchen mit ihren Ratschen durch das Dorf ziehen und ihre Sprüche aufsagen. Früher gab es für sie Süßigkeiten, heute oft

Spenden für die Dritte Welt. Die haben zwar nichts mehr mit dem ursprünglichen Ritual zu tun, sind aber eine sinnstiftende Fortsetzung des alten Heischebrauches.

Karfreitag

Bis heute ist der Karfreitag ein strenger Fasttag. Auch wer in der Fastenzeit über die Stränge schlägt, hält sich zumindest am Sterbetag Christi streng an die Regeln. Traditionell gab es auf den Bauernhöfen an diesem Tag »Stosuppe« – eine Milchsuppe.

Der Wortteil »Kar« stammt vom althochdeutschen *kara* für Klage oder Trauer. Christen im Alpenraum und in aller Welt gedenken an diesem »stillen Freitag« dem Tag des Leidens und Sterbens von Jesus Christus. In Gemeinschaft mit dem Gründonnerstag und dem Morgen des Ostersamstags wird der Karfreitag als die österliche Drei-Tage-Feier begangen. Liturgisch gelten die drei Tage als ein einziger, zusammenhängender Gottesdienst – weswegen auch der Name »Hoher Freitag« verwendet wird. Diese Feier gilt als das älteste und wichtigste Fest im gesamten Kirchenjahr.

Der Karfreitag beruht auf einem im Neuen Testament vom Apostel Markus geschilderten Ereignis in

Golgota. Dort heißt es: »Es war die dritte Stunde, als sie ihn kreuzigten.« Daher findet auch am Freitag um 15 Uhr der kirchliche Kreuzweg statt. Zu diesem Zeitpunkt beginnt der Gottesdienst. Die liturgische Farbe ist Rot. Sie steht als Zeichen für das im Leiden und Sterben Jesu am Kreuze vergossene Blut. Auf Weihrauch wird bei dieser speziellen Messzeremonie verzichtet. Die biblischen Lesungen bilden den eigentlichen Kern dieses Wortgottesdienstes. Höhepunkt ist die Verkündigung des Leidensevangeliums Christi, der sogenannten Passion. Es folgt eine kurze Predigt. Danach werden die »großen Fürbitten« vorgetragen. Es werden die Anliegen der Kirche, jene der Welt und die der Notleidenden in dieser Welt vorgelesen. Das Kreuz ist dabei verhüllt, wird jedoch in einer sogenannten Kreuzes-Erhöhung angebetet: »Seht das Kreuz, an dem der Herr gehangen, das Heil der Welt.« Auf diesen Ruf des Priesters antwortet die Kirchengemeinde mit einem salbungsvollen: »Kommet, lasset uns anbeten.« Eine wuchtige, stimmungsvolle Inszenierung, die als geistliches Drama bis heute im Volk populären Widerhall findet. In zum Teil massentauglichen Großveranstaltungen, den Passionsspielen, wird, oft in Steinbrüchen oder Volkshallen, der Leidensgeschichte Jesu gedacht. Sie sind die Fortführung jener liturgischen Passionsspiele, die ab dem Mittelalter ausschließlich am Karfreitag und ausschließlich vor dem Altar der Kirche der geistigen Erbauung gedient hatten.

Ich selbst kann mich an eine ganz spezielle Kreuzweg-Andacht erinnern. Der Pfarrer hielt einen Kreuzweg für die Kinder des Dorfes ab. Aufgeregt saßen die Kleinen in den ersten beiden Reihen. Ganz nah am Altar. Dahinter hatten ihre Mütter Platz genommen. Ich setzte mich in die letzte Reihe, versteckt hinter einer Säule. Irgendwie kam ich mir fehl am Platz vor, schämte mich meiner Anwesenheit. Der Pfarrer lachte. Er klatschte in die Hände. Das Spiel konnte beginnen. Denn wie ein Spiel baute er diese Andacht aus traurigem Anlass auf. Er wählte dreizehn Kinder aus. Jedes von ihnen durfte bei einer der Stationen eine Fürbitte vorlesen. Der Pfarrer begann den Kreuzweg. Er kniete vor dem ersten Ölgemälde nieder. Neben ihm ein Bub in Turnschuhen und ein Mädchen mit Zöpfen. Die Ministranten. Der Pfarrer murmelte die Litanei. Sie fand ihre Erklärung in der Fürbitte. Das Wechselspiel aus Kirchen- und Kindersprache war angenehm. Zwischen den einzelnen Stationen war es mucksmäuschenstill. Tönern hallten die Schritte im Kirchenschiff. Die letzte Station führte zurück an den Altar. Der Pfarrer klatschte wieder in die Hände, er breitete sie aus. Er bat jene, die keine Fürbitte aufsagen durften, zu sich. Sie bildeten einen Halbkreis. Der Pfarrer war mitten unter ihnen. Gemeinsam beteten sie:

»Herr, erbarme dich unser.« Das Spiel war zu Ende. Die Kinder verließen fröhlich die Kirche, stolperten hinaus ins Freie. Da wusste ich: Es ist Frühling.

Die »karge« Brezen: resch und knusprig, fast zu schad' zum Reinbeißen.

Karsamstag

In den Dämmerstunden des Karsamstags werden die sogenannten Feuerbräuche zelebriert. Der Winter wird feierlich im Feuer verbrannt. Im Salzburger Lungau errichtet die Landjugend zwölf Meter hohe Türme aus Rundholz, die mit Reisig gefüllt sind. Diese stehen weithin sichtbar auf den Anhöhen der Gegend. Am Abend des Karsamstags versammelt sich die Dorfbevölkerung, und der Turm wird angezündet. Der Winter wird dabei in Form einer Figur symbolisch verbrannt, was an die Hexenverbrennungen des Mittelalters erinnert. Ein Brauch, der dem tief in der Landbevölkerung verankerten Aberglauben geschuldet ist. Die überlebensgroßen Flammen gehören in den Bereich der Naturmagie. Je höher sie züngeln, desto höher wird, so der Volksglaube, das Korn wachsen. Es handelt sich bei diesem Brauch also auch um ein Fruchtbarkeitsritual. Ist der Feuerturm erst einmal niedergebrannt, wird die Asche auf den umliegenden Feldern ausgestreut: »Asche zu Asche, Erde zu Erde.«

Der steirische Wanderimker Christian Schölnast, 1904 geboren, beschreibt den Brauch, den er in seinem Heimatort Fürstenfeld als junger Mann noch erlebt hat, im Buch *Wie unsere Altvorderen lebten* so: »Schon im Spätherbst gingen die Burschen in den Wald, um Kienstöcke zu graben. Diese wurden beim nächstgelegenen Haus unterm Dach zum Trocknen gelagert. In der Karwoche ging man dann ans Aufbauen des Gerüstes, das mit Pfannen, Töpfen und Schüsseln, zu einem christlichen Symbol angeordnet, behangen wurde. Nach Einbruch der Dunkelheit wurde in diesen Gefäßen mit den Kienspänen Feuer gemacht. Um Mitternacht herum versammelte sich die gesamte Dorfbevölkerung. Die Klänge einer steirischen Harmonika oder von Zither und Hackbrett hallten von den Bergwänden wider, Mädchengruppen sangen schöne Lieder, und alle wetteiferten untereinander, dieses schöne Beisammensein so heiter und fröhlich wie möglich zu gestalten.«

Aus dem Tirol des beginnenden 20. Jahrhunderts ist der Begriff der »Karsamstagskohle« überliefert. Bereits in den frühen Morgenstunden weihte dort der Priester im violetten Ornat am Friedhof das Feuer. Die Ortsbewohner rissen sich regelrecht um die brennenden Scheite. Wer zuerst mit seinem Scheit wieder zu Hause war, dem war das Glück angeblich besonders hold. Zurück am heimatlichen Herd entzündete die Bäuerin das Ofenfeuer, das – symbolisch – das ganze Jahr über brennen sollte. Der Bauer hingegen ging anschließend mit der Asche in den Stall und auf die noch brachliegenden Äcker hinaus, um die Kohlestücke zu vergraben. Ein Teil dieser Karsamstagskohle wurde sorgsam eingelagert, um bei Notfällen als Glücksbringer ins Feuer geworfen zu werden.

Ein weiterer Feuerbrauch sind die Osterräder. Das Rad symbolisiert dabei das Rund der Sonne. Wenn die schweren Eichenräder, die mit Reisig oder Stroh umwunden sind, mit Einbruch der Dunkelheit angezündet werden und den Hügel hinunter auf das Tal zurollen, wird das Aufgehen der Sonne dargestellt. Dabei dürfen die mehrere Hundert Kilo schweren Wagenräder nicht liegen bleiben, denn dies würde unweigerlich Unglück fürs gesamte Tal bedeuten. Diese Räder symbolisieren aber auch gleichermaßen den Mond. Dieser hat eine wichtige Bedeutung als Instrument zur Berechnung dieses beweglichen kirchlichen Hochfestes: Ist doch der erste Sonntag nach dem Frühlingsvollmond als Termin für den Ostersonntag bestimmt. Dieser kann also zwischen dem 22. März und, einen Monat oder Mondzyklus später, dem 25. April stattfinden.

Ostersonntag

Ebenfalls auf den weißen Mond weist das weiße Ei hin. Es ist Spender des Lebens. Und wird verziert, gefärbt, gekratzt und geätzt. Oder aber mit Wachs überzogen. Beim Färben werden die Muster aus der Schale gekratzt. Bei der Wachstechnik wird ein Ornament aus flüssigem Wachs mit einem Gänsekiel an der zerbrechlichen Oberfläche aufgebracht. Nach dem Färben erscheinen die vorher mit einer solchen Schablone abgedeckten Stellen weiß. Diese Liebes- und Verehrungsgabe schenken die Eltern ihren Kindern, die Kinder den Paten und umgekehrt.

Das Ei steht jedoch auch im Mittelpunkt eines Wettstreits zwischen Winter und Frühling. Aus Tirol ist ein Brauch überliefert, der heute noch in Süddeutschland gepflegt wird: das Eierlesen. Zwei Gruppen treten dabei in einer Art Staffellauf gegeneinander an. Die eine läuft für den beginnenden Frühling, die andere für den vergangenen Winter. Es werden auf einer Gasse zwei Bahnen mit rund hundert Sägemehlhäufchen aufgelegt. In jedes Häufchen kommt ein Ei. Jede Gruppe besteht aus einem Läufer und einem Fänger. Mit dem Startschuss rennt der Läufer zum am weitesten entfernten Ei, klaubt es auf und läuft zurück zum Fänger, der bereits auf ihn wartet, um das Ei in einer Spreuwanne abzulegen. Fällt dem Läufer das Ei zu Boden, muss er zurück an den Start, wieder ein Ei abholen und so weiter und so fort. Wer als Erster alle Eier heil in die Spreu eingebracht hat, hat gewonnen. Nachsatz: Da es sich um einen Frühlingsbrauch handelt, wird darauf geachtet, dass der Lenz immer den Sieg davonträgt. Wenn es sein muss, indem die Wintergruppe mit Sonderaufgaben wortwörtlich aus der Bahn geworfen wird – zum Gaudium der umstehenden Zuseher.

Am Ostersonntag findet beim Hochamt auch die Speisenweihe statt. In Körbchen werden Brot, Fleisch und Eier vor den Altar gebracht. Der Priester segnet die Speisen, die anschließend in der Stube von der Bauernfamilie verzehrt werden. Damit, so will es der Brauch, erlangt der Körper den kirchlichen Segen, aber auch Gesundheit und vor allem: inneren Frieden.

Eine durchaus heitere Besonderheit der österlichen Kirchenbräuche war in der Steiermark bis zum Ersten Weltkrieg üblich. Übrigens sehr zum Ärger der bibelfesten Kirchenobrigkeit. Beim sogenannten Ostergelächter flocht der Pfarrer in seine Predigt von der Kanzel aus derbe Schwänke ein. Sie sollten das Volk am Weg der Trauer zur wiederkehrenden Heiterkeit, zur Lebensfreude begleiten. Wie der liturgische Gesang und die Eucharistiefeier war es fixer Bestandteil der Volks-Ostern. Ein Zeitzeuge, der sich in einem Brief über diese

Unsitte beschwerte, liefert ein buntes Bild von den Dorfpfarrern in der Ausübung ihres Amtes: »Einer schrie immer Kuckuck, wie der gleichnamige Vogel, ein anderer trieb die Kommenden nach Art der Gänse durch Schnattern von sich weg. Wieder ein anderer zog einem Laien die Mönchskutte an, machte ihm dann vor, er sei nun Priester, und führte ihn zum Altare. Wieder einer erzählte, mit welchen Mitteln der Apostel Petrus die Wirte um die Zeche betrog.« So erschlossen die Pfarrer den Gläubigen die Mysterien der Osterpredigt durch volkstümliche Belustigung.

Fastenbrechen an Ostern. Prall gefüllt ist der klassische Weidenkorb mit süßem Lamm, Ei, Osterpinze, G'selchtem und dem obligaten Salz.

Ostermontag

Ein geflügelter Satz, den beinahe jedes Kind kennt und den auf jeden Fall jeder Erwachsene schon einmal im Mund gehabt hat, lautet: »Hier bin ich Mensch, hier darf ich's sein.« Die wenigsten wissen, woher dieser im Volksmund verankerte Spruch stammt: aus der Feder keines Geringeren als des Dichterfürsten Johann Wolfgang von Goethe. Er lässt damit seinen *Osterspaziergang* betitelten *Faust*-Monolog enden, den ich als Übergang zwischen den Ostermontag und das Pfingstbrauchtum, welches das Osterfest abschließt, stellen möchte.

Vom Eise befreit sind Strom und Bäche
Durch des Frühlings holden, belebenden Blick,
Im Tale grünet Hoffnungsglück;
Der alte Winter, in seiner Schwäche,
Zog sich in rauhe Berge zurück.
Von dort her sendet er, fliehend, nur
Ohnmächtige Schauer kornigen Eises
In Streifen über die grünende Flur.
Aber die Sonne duldet kein Weißes,
Überall regt sich Bildung und Streben,
Alles will sie mit Farbe beleben;
Doch an Blumen fehlt's im Revier,
Sie nimmt geputzte Menschen dafür.

Kehre dich um, von diesen Höhen
Nach der Stadt zurück zu sehen!
Aus dem hohlen finstern Tor
Dringt ein buntes Gewimmel hervor.
Jeder sonnt sich heute so gern.
Sie feiern die Auferstehung des Herrn.
Denn sie sind selber auferstanden:
Aus niedriger Häuser dumpfen Gemächern,
Aus Handwerks- und Gewerbesbanden,
Aus dem Druck von Giebeln und Dächern,
Aus der Straßen quetschender Enge,
Aus der Kirchen ehrwürdiger Nacht
Sind sie alle ans Licht gebracht.
Sieh nur, sieh! Wie behend sich die Menge
Durch die Gärten und Felder zerschlägt,
Wie der Fluß, in Breit und Länge,
So manchen lustigen Nachen bewegt,
Und bis zum Sinken überladen
Entfernt sich dieser letzte Kahn.
Selbst von des Berges fernen Pfaden
Blicken uns farbige Kleider an.
Ich höre schon des Dorfes Getümmel,
Hier ist des Volkes wahrer Himmel,
Zufrieden jauchzet groß und klein:
Hier bin ich Mensch, hier darf ich's sein.

Pfingsten

Es leitet sich ab vom Griechischen *pentekoste*, das für den 50. Tag steht. 50 Tage nach dem Ostersonntag bildet es den Abschluss der Osterzeit. Im Mittelpunkt dieses Festes steht der Heilige Geist, mit dem alles begann. Die Gründung der Kirche basiert auf der Apostelgeschichte, in der es heißt: »Da kam plötzlich vom Himmel her ein Brausen, wie wenn ein heftiger Sturm daherfährt, und erfüllte das ganze Haus, in dem sie waren. Und es erschienen ihnen Zungen wie von Feuer …«

Der Heilige Geist wird gern in Form einer Taube dargestellt. Demgemäß heißt eine aus Fichtenholz geschnitzte Taube mit Strahlenkranz auch »Heiliggeisttaube«. Die einen hängen sie an Pfingsten im Herrgottswinkel auf. Andere wiederum holen sie hervor, wenn eine Geburt oder eine Taufe ins Haus steht. Dann bewacht die Taube die Kinderwiege.

Die meisten Kirchen haben in ihrem Langschiff ein Lüftungsloch. Zu Pfingsten erfüllt es seinen Zweck als sogenanntes Heilig-Geist-Loch. Vom Dachboden über dem Kirchenraum wird während der heiligen Messe die Holztaube an einem Seil heruntergelassen. Weiße Tauben, die durch das Loch freigelassen werden, gibt es nicht mehr. Jedoch regnen ab und an noch Blumen auf die Kirchengemeinde herab.

Das Pfingstbrauchtum kennt nur mehr wenige Rituale wie etwa die Heischebräuche. Hier wird im Sinne eines Ausspruchs Jesu Christi an die Tür geklopft: »Wer anklopft, dem wird aufgetan.« Andernorts trifft man sich am Pfingstsonntag frühmorgens am Berg zum Waisenblasen – die Musikanten begrüßen den Tag mit ihrer Musik. Zuerst werden Kirchenlieder gespielt, sobald die Sonne aufgegangen ist, sind die fröhlichen Stücke an der Reihe: Polka, Marsch, Walzer.

Was sich außerdem bis heute gehalten hat, ist das Schmücken und Verzieren von Quellen oder des Dorfbrunnens mit Blumen und Zweigen. Kirchen und Ställe werden ebenfalls mit grünen Birkenzweigen und Blumen geschmückt.

Zu Pfingsten wird außerdem zum ersten Mal das Vieh auf die Weide getrieben. Hierzu ist ein alter Hirtenbrauch überliefert: der »Pfingstochse«. In einer Prozession wird dabei das Vieh durch den Ort getrieben. Der kräftigste Stier wird dabei mit Blumen, Stroh und Bändern geschmückt – »wie ein Pfingstochse«. Diese Bezeichnung findet auch in einem landläufigen Scherz ihren Ausdruck. Wer am Pfingstsonntag am längsten schläft, wird ebenfalls »Pfingstochse« gerufen. Traditionell wird derjenige auf eine Scheibtruhe gepackt und unter dem lauten Gejohle der Schaulustigen durch den Ort gekarrt.

Erster Mai

Im Kärntner Gurktal gibt es den Brauch der »Maibraut«. Eine »steinerne Jungfrau« tritt in der Gestalt eines jungen Mädchens auf. Die Jungfrau wird festlich mit weißem Kleid und roter Schärpe geschmückt. Am Kopf trägt sie den Brautkranz, in der linken Hand einen Schlüsselbund und in der rechten eine Pfingstrose. So gewandet, wird sie zum Marktbrunnen geführt. Hier laufen drei Burschen, ebenfalls in weißer und roter Kleidung, um die Wette. Der Sieger steigt in den Brunnen hinunter, um sogleich über die Leiter wieder zur »Maibraut« hinaufzusteigen. Er umarmt und küsst sie. Anschließend tanzen alle drei Läufer mit jedem der anwesenden Mädchen um den Brunnen herum. Der gängigen Meinung der Gurktaler nach darf dieser Brauch niemals ausfallen, da ansonsten Unglück über die Dörfer kommen würde.

Der erste Mai ist der Tag des Maibaums. Am Vortag wird der Baum aus dem Wald geholt und aufgeputzt, am nächsten Tag aufgestellt. Und in der Zwischenzeit gilt es, ihn zu bewachen. Es ist einer der lustigsten Bräuche, die ich kenne: das Stehlen des Maibaums. Zwei Gruppen benachbarter Ortschaften bewachen ihren mühsam aus dem Wald geholten Baum. Ein Unternehmen, das oft feuchtfröhlich endet. Falls es der einen Gruppe gelingt, den Baum der anderen Gruppe zu entwenden, muss dieser mit einem Fass Bier wieder ausgelöst werden. Seinen Ursprung hat das Ritual in einem irischen Fest: Beltane. Bereits die Kelten, Vorfahren der Iren, schmückten ihre Häuser und Ställe mit frischem Grün.

Eines der schönsten Rituale der Kindheit pfeift buchstäblich auf den Winter, macht der Mai es doch alle Jahr neu: das Maipfeiferl. Fidele Musikanten, die sich ihr Instrument selbst bauen wollen, aber nicht über die Kunstfertigkeit des Spezialisten verfügen, greifen im Frühjahr gern zum Taschenfeitel und schnitzen sich ein Maipfeiferl. Das ist nur im Spätfrühling möglich, wenn die Bäume im Saft stehen.

Der Maibaum steht für Fruchtbarkeit und neues Leben. Und er sollte gut bewacht werden, damit er nicht gestohlen wird.

Maipfeiferl selber bauen

1. Schneiden Sie ein fünfzehn Zentimeter langes, gerades Aststück von einem im Saft stehenden Zweig mit glatter Rinde ab und schnitzen das abgeschrägte Mundstück etwa zwei Zentimeter unterhalb des oberen Randes. Kerben Sie die Öffnung für das Pfeifloch etwa einen Zentimeter unterhalb dieses Mundstückes.
2. Fünf Zentimeter unterhalb des Pfeifloches schneiden Sie zwei nahe aneinanderliegende Kerben und entfernen die Rinde dazwischen.
3. Am oberen Teil klopfen Sie mit der Messerrückseite leicht auf alle Seiten des Pfeiferls, während Sie es drehen, damit sich die Rinde in einem Stück lösen lässt. Achtung: eine Geduldsübung!
4. Schneiden Sie das Mundstück auf Luftloch-Höhe ab und schnitzen vorsichtig einen Luftkanal hinein.
5. Stecken Sie das Rindenstück wieder auf den Zweig und fügen das Mundstück in die Rinde ein. Achten Sie dabei darauf, dass das Pfeifloch frei bleibt. Je weiter man den Stock in die Hülse hineinschiebt, umso heller wird der Ton. Zieht man ihn heraus, wird er tiefer. Daher verhält es sich beim Maipfeiferl-Blasen genauso wie in der Blasmusik: Erst die ritualisierte Übung macht den Meister.

91

Fronleichnam

Es ist das »Hochfest des Leibes und Blutes Christi«, die Feier der Gegenwart von Jesus Christus als »Sakrament der Einheit«. Das allgemeine Bild dieses Festtages ist jenes der Prozession zu den vier Himmelsrichtungen. Der gläubige Christ betet also an diesem Tag »mit den Füßen«, wie es so schön im Volksmund heißt. An vier Altären in seiner Gemeinde dankt er für die Einheit von Schöpfung, Alltag und Lebenswelt. Prozession bedeutet wörtlich vorrücken. In diesem Falle ein »Vorrücken zum Gottesdienst«. Eine durch und durch ritualisierte Kulthandlung. Die Bauern zogen über die Flur; die Dorfbevölkerung von heute zieht durch die Gassen. Der Aufbau dieser Prozession ist seit Jahrhunderten gleich: An der Spitze geht der Kreuzträger, gefolgt vom Pfarrer mit Monstranz unter dem sogenannten Himmel, einem Stoffdach, von vier Honoratioren an Stangen getragen. Dahinter gehen die Fahnenträger der Vereine und im Anschluss das den Rosenkranz betende Fußvolk.

Dem Umgang, der dem Gedenken an die Eucharistie geweiht ist, gehen intensive Vorbereitungen am Vortag voraus. Birkenbäume werden aus dem Wald geholt und als Spalier beiderseits des Prozessionsweges aufgestellt. Vor den Eingängen von vier Häusern werden die vier Volksaltäre geschmückt, an denen die Prozession Halt macht. Der Weg selbst wird ausgestreut mit einem Blumenteppich: Narzissen, Flieder, Jasmin und Schwertlilien sind dafür beliebte Blütenarten. Nichts hat sich an diesem Prozedere verändert. Noch heute wird der Brauch so gepflegt, wie ihn bereits 1909 der Volksschriftsteller Ludwig von Hörmann beschrieben hat: »Die ersten Paare sind kleine Schulmädchen, ganz weiß gekleidet, Lilienstängel oder Schäferstäbe in der Hand. Vier aus der anmutigen Schar tragen das Bildnis der unbefleckten Gottesmutter. Dasselbe ist meist aus Holz geschnitzt und mit steifen, gold- und silberbestickten Gewändern angetan. Das Amt der Trägerin gilt als große Ehre und Auszeichnung, denn nur die sittsamsten Jungfrauen werden dazu auserwählt.« Die Beschreibung weist auf die jedem Umstehenden sofort ins Auge stechenden Begleiterinnen der Fronleichnamsprozession hin: die »weißen Jungfrauen«. Handelte es sich anno dazumal um ledige Frauen, die tatsächlich noch im Stande der Unschuld auf ihre Heirat warteten, so sind diese »weißen Jungfrauen« heute Mädchen im weißen Erstkommunionkleid. Sie verkörpern die Reinheit und Unschuld. Als Zeichen für das Blut Christi, das dieser für seine Schwestern und Brüder im Herrn vergossen hat, streuen sie rote Rosenblätter aus. Fürwahr ein theatralisches Spektakel, wie es sich nur die Kirchenoberen für ihr Volk haben ausdenken können.

Johannisnacht

Die Johannisnacht, in der die Sonnenwende gefeiert wird, geht zurück auf den Geburtstag von Johannes dem Täufer, dem ersten bekannten und überregional verehrten Heiligen der Kirche. Besagter Johannes, Sohn eines jüdischen Priesters, ist ein halbes Jahr jünger als der von ihm getaufte Jesus von Nazareth. Daher legte die Kirche für die beiden Heiligen zwei Geburtstage fest. Christi Geburt war zur Wintersonnenwende. Johannes hingegen bekam an seinem Geburtstag, dem 24. Juni, seine eigene Sommer-Weihenacht. Helga Maria Wolf beschreibt das Ritual an diesem Tag in ihrem lesenswerten Buch *Die schönsten Bräuche, Rituale & Traditionen* folgendermaßen: »In ländlichen Gemeinden wurde das Feuer aus neunerlei Holzarten gemeinschaftlich vorbereitet und feierlich entzündet. Junge Leute sprangen paarweise darüber.« Ein geschickter Sprung war ein Vorzeichen für eine gute Ehe. Man band segenbringende Sonnwendbuschen aus sieben oder neun Pflanzen, warf sie ins Feuer oder hängte sie anschließend daheim auf. Der Asche des Johannisfeuers sagte man Heil- und Zauberkräfte nach.

Aber woher stammt der Begriff »Sonnenwende«? Die Sonne wird in der abendländischen Kultur als Gottheit verehrt. Zur Sonnenwende erreicht sie ihren mittäglichen Höchststand. Der Sommerbeginn gibt Anlass für eine Reihe von Ritualen. So ist es noch heute am Hallstätter See und am Attersee Brauch, das Johannisfeuer mitten am Wasser zu entzünden. Auf einem Floß werden dazu Scheite geschichtet. Mit einer Plätte bringen Salinen-Arbeiter das Floß in die Mitte des Sees und entzünden das Feuer.

Eine eigentümliche Erklärung für das Sonnwendfeuer findet sich dagegen im Innviertel in Oberösterreich: König Herodes wollte auch Johannes den Täufer festnehmen lassen. Er vereinbarte mit seinen Soldaten, ihm durch ein Signalfeuer die erfolgreiche Festnahme zu melden. Wie durch ein Wunder entflammten jedoch auf allen Anhöhen gleichzeitig Feuer. Herodes wurde darob irre. In Anspielung an diese christliche Legende sammelten im 19. Jahrhundert die Burschen im Innviertel Brennmaterial auf den Höfen. Wurden ihnen die alten Besen und übrig gebliebene Palmbuschen ausgefolgt, bedankten sie sich mit einem: »Nimm ein' Schimmel, reit in Himmel.« Wenn nicht, schimpften sie: »Nimm ein' Rappen und reit in d' Höll.« Aus Stroh gestalteten sie dann die beiden Märchenfiguren Hänsel und Gretel, die sie an einer Stange am Scheiterhaufen verbrannten. Zur Mitternacht sprangen sie mit ihrer Herzallerliebsten über das lodernde Feuer. Anschließend ging es bei Krapfen und Met hoch her.

Kirtag

»So lange redet man vom Kirchtag, bis er kommt«, lautet ein überlieferter Bauernspruch. Doch es wurde nicht nur geredet, sondern in der Woche vor dem Kirtag auch der Stall geputzt, der Boden mit frischer Streu ausgelegt, sämtliches Gerät repariert – um dann am Tag der Kirchweihe groß aufzukochen.

Am Weihetag einer Kirche gab es zweierlei Messen: die eigentliche in der Kirche und die gesellige am Platz vor der Kirche. Nicht ohne Grund sah man den Kirtag als den eigentlichen Nationalfeiertag der Alpenbewohner. Böllerkrachen riss die Dorfbevölkerung bereits frühmorgens aus ihren Betten. Die Bäuerin eilte zur Frühmesse und verschwand anschließend in der Küche, um »den Kirchtag«, ein Festmahl mit bis zu zwanzig Speisen, zu kochen. Die Männer und Burschen gingen in die Vormittagsmesse und zeigten sich im Sonntagsg'wand beim Tratsch vor dem Kirchenplatz. Mittags bog sich der Tisch in der guten Stube: Es gab allerlei Fleisch, geräucherte Braten, Speckknödel, gebackene Knödel, Kuchen und Schmalzkrapfen. Das Stamperl Schnaps zum Verdauen war an diesem Tag obligat. Am Nachmittag ging man zum zweiten geselligen Teil über, dem eigentlichen Kirtag: In jedem Wirtshaus wurde aufgegeigt, am Abend fanden sich die Feierlustigen am Tanzplatz ein.

Von diesem Treiben kündet ein fröhliches Liedchen:

Aft dreht sich das Diandl,
Aft dreht sich der Bua,
Aft nimmt er's beim Miederl
Und juchezt dazua.

Zu einem richtigen Kirtag gehört auch der Jahrmarkt mit einer Reihe von Standeln voller Angebote, dargeboten von Fahrenden. Da gab und gibt es Gewand zu kaufen, Kochgeschirr, Süßigkeiten und Zuckerwatte. Und jene Wundermittel, die den Bauern von einst von fahrendem Volk regelrecht aufgedrängt wurden, stehen heutzutage auf »Esoterik-Ständen« moderneren, aber ebenso dubiosen Mittelchen gegenüber. Der Volkskunde-Professor Roland Girtler hat in seinem Buch *Sommergetreide* den Verkaufsvorgang eines solchen Wundermittels beschrieben: »Um dem alten Bauern weiszumachen, dass er solch eine Wunderpille nötig hatte, drückte der Verkäufer ihm ein Glasgestell mit zwei Kugeln in die Hand. In einer befand sich eine rote Flüssigkeit. Nahm nun ein junger Mann die Kugel in seine (warme) Hand, wanderte das Rot von einer in die andere Kugel. Bei der (kalten) Hand eines Alten geschah nichts. Diesem wurde nun nach dem augenscheinlichen Beweis seines Siechtums dringend der Kauf der Pille nahegelegt.«

Almabtrieb in Bruck an der Großglocknerstraße: die Sennerin in ihrer feschesten Tracht, die Kuh liebevoll aufgeputzt

ALMABTRIEB

Das wichtigste Herbstereignis für den
Gebirgsbauern war und ist der Almabtrieb.
Vor über 100 Jahren hat der österreichische
Schriftsteller und Historiker Ludwig
von Hörmann von Hörbach einen Tiroler
Almabtrieb sehr bildhaft beschrieben.
Als Direktor der Universitätsbibliothek
Innsbruck von 1882 bis 1902 war das
alpenländische Brauchtum Schwerpunkt
seines volkskundlichen Interesses, und
er hat eine so lesenswerte wie lebensnahe
Schilderung der Vorgänge rund um
den Almabtrieb verfasst.

Das wichtigste Herbstereignis für den Gebirgsbauern ist die Heimkehr des Alpviehs. »Um Bartlmä *(24. August, Anm.)* hängt der Winter die Fuß übers Joch he' und um Matthäi *(21. September, Anm.)* kommt er an den Zaun«, sagt ein alter Bauernspruch, und wenn sich dieser auch nicht gerade bewahrheitet, so beginnt doch von da an das schöne Grün der Almweiden, das zur Sommerszeit das Auge des im Tal Wandernden entzückte, allmählich zu welken und jener gelbroten Färbung Platz zu machen, die der Älpler mit »fuxet« bezeichnet. Es ist nun nicht mehr recht gemütlich droben auf den Höhen. Kühle frostige Winde streichen, Reif und leichtes Schneegestöber stellen sich ein und mahnen den Senner zu baldiger Abfahrt. Vorerst wanderte man mit Sack und Pack auf den tiefer gelegenen Teil der Alpe, auf den sogenannten Niederleger, herab und blieb da ein paar Wochen, um das nachgewachsene Gras abäsen zu lassen. Dabei behielt der Hüter das Vieh mehr beisammen, besonders das Galtvieh *(nicht Milch gebende Rinder, Anm.)*, welches sonst oft weit herum zerstreut war. Der »Putzer« beschäftigte sich mit dem Düngen der besseren Mähder, eine Arbeit, die er sich, wenn möglich, durch Hilfe des Wassers erleichterte, was man »Mistschwenzen« nannte.

In der Almhütte ging es nun rührig zu. Der Senner oder die Sennerin samt Gehilfen machten sich nämlich daran, Boden, Einrichtung und Gerätschaften zu säubern und zu waschen, eine wahre Herkulesarbeit, wenn man bedenkt, dass der Schmutz von mehr als einem Vierteljahr daran klebte. Was davon irgendwelchen Wert hatte, wurde zusammengestellt, teils um auf großen »Kraxen« in das Tal hinabgeschafft zu werden, teils in den versperrbaren »Gaden« eingeschlossen oder, wenn keiner vorhanden war, an einer bestimmten Stelle draußen im Wald in die Erde vergraben. Letzteres galt besonders von dem großen kupfernen Käsekessel, weil nach der Meinung der Älpler das Kupfer, so verborgen, wachsen sollte oder gar zu Gold wurde. Zwei Tage vor der »Ausfahrt« wurde darin zum letzten Mal »abgekäst« sowie zum letzten Mal »gekübelt«, dann aber legte man sich auf die faule Haut und feierte als Abschied die sogenannte Schoppwoche und als deren Gipfelpunkt die »Grunacht«. Dabei spielten Essen, Trinken und ungebundene Fröhlichkeit die Hauptrolle. Gewöhnlich kamen benachbarte Senner und Mägde zueinander auf Besuch sowie Burschen und Knechte aus dem Tal, die Körbe voll Blumen und Binsen zum Schmücken der Almkühe mitbrachten. Der Senner machte die Honneurs und bemühte sich vor allem, seine Gäste mit den ausgesuchtesten Leckerbissen älplerischer Kochkunst zu bewirten. Dazu gehörten fette Rahmnocken, Strauben und vor allem das berühmte Schwingmus, eine Art Pfannkuchen, dessen Zubereitung eine eigene Fertigkeit erforderte. Der Kuchen wurde nämlich nicht auf gewöhnliche Art in der Pfanne umgelegt, sondern durch einen kühnen Schwung in die Höhe geschleudert und wieder aufgefangen. Da die Milch der letzten Tage um jeden Preis aufgegessen werden musste, standen auf dem Esstisch ein paar große Weitlinge voll Rahmmilch und das Schnapsfässchen, dessen Trinkrohr bald die bärtigen Knechte, bald rosige Mädchenlippen berührte. Ein feuriges Nass, das die Gesellschaft alsbald in Stimmung brachte.

Man setzte sich um das lodernde Herdfeuer, stopfte die Pfeife und holte dann die Blumen, Federn, Baumrinden und das Moos hervor, um für die heimkehrende Herde schöne Zierden »zusammenzubaschgeln«. Schon während des Sommers hatten die Hirten in einsamen Stunden draußen auf der Weide kleine Figuren, einen Senner oder ein »Kasermandl«, geschnitzt, oder Melkstühle, Kübel, Rahmmesser im Miniaturformat. Diese Dinge wurden nun mit Blumen und Kränzen durchflochten, um sie den Kühen als Kopfputz beim feierlichen Einzug anzupassen. Ein anderer Bursche stopfte zu demselben Zweck das Fell eines Eichhörnchens aus und kleidete es unter allgemeinem Gelächter als Senner und Sennerin; ein Dritter verfertigte eine große Schelle aus Baumrinde für den Almstier, während ein frisches Dirndl daneben an einem Rautenstück herumnestelte, mit dem sie nebst Hahnenfedern und Alpenblumen den Hut ihres Liebsten »garnierte«, damit er morgen beim Zug durch das Dorf die neidischen Blicke aller Schönen auf sich ziehe. Beliebt waren als Kuhzierden auch Almbüschel aus Birken, die wie falsche Locken aussahen und mit Alpenrosen verziert wurden. So ging der Abend schnell vorüber und die kühle Herbstnacht, die letzte auf der Alm, senkte sich über Mahder und Hütte. Doch ans Schlafen dachte niemand. Einer der Burschen nahm die Zither von der Wand, schlug einen frischen »Ländler«, und bald war die rußige »Kaser« in einen Tanzsaal verwandelt. Beim Schein des Feuers drehten sich die flinken Paare, und das Stampfen, Schnalzen und Jauchzen hallte weit hinaus in die stille Bergeinsamkeit.

Beim ersten Morgendämmern rüstete man zum Aufbruch, denn der Weg in das heimatliche Dorf war weit und oft auch gefährlich, sodass die Herde mit großer Vorsicht geleitet werden musste. Man bepackte das »Almwagele« oder, wo man kein solches hatte, die »Kraxen« mit den Gerätschaften und Zierden, wozu der Senner auch sein buntbemaltes »Trücherl« stellte, in dem sich seine Habseligkeiten befanden. Hierauf nahm man ein kräftiges Frühstück ein und steckte wohl auch ein paar Strauben und »Gugenuzzen« in die »Tschölderärmel«, um auf der beschwerlichen Fahrt eine Wegzehrung zu haben. Der Senner sperrte sodann den Gaden, befahl den aufgespeicherten Almnutzen der Obsorge des Putzers, der noch ein paar Tage oben blieb, und zeichnete zu guter Letzt ein großes Kreuz über Hütte und Hage, indem er mit stillem Grausen an Kasermännlein, an den wilden Ochsner und all die Gespenster dachte, die nach dem Volksglauben in den verlassenen Almhütten spukten. Draußen harrte unterdessen schon die brüllende Herde, und nun ging es vorwärts, langsam hinab über die Halden – dem Tale zu.

Drunten hatte das wichtige Ereignis der Heimkehr des Viehs das ganze Dorf, besonders aber die betreffenden Häuser, in Aufruhr gebracht. Die Stallungen wurden geputzt, gelüftet, geräuchert und die Krippen mit reichlichem Futter versehen. Die Mägde banden schöne Büschel aus roten »Nagelen« und Rosmarin, mit Goldsplittern beklebt, und hatte eine unter den ankommenden Sennleuten ihren Schatz, so band sie wohl auch Brennende Lieb' dazu, tief ins Grün hinein versteckt, und dachte, kein Mensch merke etwas davon als ihr Liebster. Aber am nächsten Tag wusste es doch das ganze Dorf.

 Der Bauer bespannte einen Wagen und legte Heu darauf, die Buben aber schleppten die großen »Klumpern« und sogenannten Tuschschellen für die Almkühe herbei, die an kunstvoll mit Kielen von Pfauenfedern genähten Riemen befestigt waren, und nahmen dann selbst auf dem Platz. Der Einzug des Alpenviehs war für sie eine ganz besondere Hetz. Diese Schellen wurden auch oft an einem am Weg gelegenen Einzelhof von der Auffahrt bis zur Abfahrt hinterlegt. Auf einem bestimmten Platz, meist unmittelbar vor dem Anstieg der Vorberge, machte der Bauer mit seinem Fuhrwerk Halt und wartete auf die Kommenden. Nicht lange, so erschien die Herde, begleitet von den Hirten, und machte ebenfalls Rast. Es wurde der Weg durch eine Schranke versperrt und das Heu verteilt, dann nahm man die Schellen und »Klumpern« vom Wagen, hing sie den Tieren um und schmückte die Hörner mit den verschiedenen Zierden. Beim Austeilen wurde ein genaues Verhältnis beobachtet: Je kleiner und feiger die Kuh, desto kleiner war auch die Glocke. Die Feigsten bekamen gar nichts. Währenddessen hatten auch Senner und Hirten ihre Almkleider – mit Ausnahme des braunen Hemdes – ausgezogen und »Galatoilette« gemacht.

Der Erste, als König der ganzen Feierlichkeit, die für ihn die höchste Ehre bedeutete, ordnete und eröffnete den Zug. Sein Stolz war vor allem das rußige, fettglänzende Sennerhemd, Zeuge seiner Tätigkeit hoch droben auf der Alm. Dieses Hemd kam den ganzen Sommer über nie in die »Schwemme«. Gegen Ungeziefer behalf man sich durch Einreiben mit Fett. Für den Umzug ins Dorf wurde es oft noch eigens mit Ruß und Fett eingeschmiert, um nur ja den gehörigen Eindruck zu machen. Dazu der wilde Bart, der das meist ungewaschene Gesicht umrahmte – Seife und Rasiermesser kannte man nicht auf der Alm. Die übrige Kleidung des Senners und der Hirten bestand in schwarzen bocklederenen »Höseln« mit roten Zwickeln und weißgrünen, gestrickten Halbstrümpfen, sogenannten Pfosen. Die Knie und die Füße blieben nackt. Oft trugen sie auch »Knoschpen«, grobe Bergschuhe mit hölzernen, eisenbeschlagenen Sohlen. Über das dunkle Hemd kreuzte sich ein neuer, hochroter oder grüner Hosenträger, um den Hals hing lose geknüpft ein hellfarbiges Tuch, und auf dem Kopf saß ein breitkrempiger schwarzer, manchmal auch gelber Filzhut, reich geschmückt mit Rauten, Bändern und riesigen Spielhahnfedern. In der Hand hielt der Senner die »Almgoasl« mit schönem seidenem »Pfotschen« und befestigt an einem kurzen, zierlich gebrannten Haselstock, und einen Strauß von Edelweiß oder anderen Alpenblumen.

Hinter dem Senner folgte, behängt mit der größten Glocke, die größte Stechkuh, auch Mairkuh genannt. Sie trug auf ihren mächtigen Hörnern den schönsten Kranz und in dessen Mitte eine »Huifeder« zum Zeichen ihrer unbesiegten Stechkunst. Ihr zur Seite ging jene Kuh, die im Milchgeben den »Prost« hatte, die sogenannte Milchmairin, und deshalb nicht minder ausgezeichnet wurde. Sie trug als Abzeichen neben dem Kranz den kleinen, hübsch geschnitzten Schlagkübel oder ein Rahmmesser auf dem Schädel. Diesen beiden folgten die nächstbesten Stech- und Milchkühe, alle geziert mit »Roasen«, Almbüscheln und Gewinden aus Moos, roten Beeren, Taxen, Blumen sowie mit Federn, Figuren und Schnitzereien und mit Glocken behangen. Besonders gut machte es sich, wenn diese zusammenklangen, während die geschlossenen »Klumpern« den Bass dazu brummten.

Nach dieser »Elite« des Alpenviehs kam, begleitet vom Kuhhirten, die Herde der übrigen Kühe, in deren Mitte der brummige Almstier, dem der Witz der Hirten die erniedrigende Rolle eines Hanswurstes zugeteilt hatte. Er hatte entweder einen breiten, mit kleinen Schellen besetzten Riemen um den Hals oder eine ungeheure Schelle aus Baumrinde, dazu einen Kranz aus Zirbelzapfen. Manch einer trug sogar den Melkstuhl und die Melkkappe auf der breiten Stirn, sodass er aussah wie ein alter Schulmeister mit Zopf. Dieser Stier erregte allgemeines Gelächter, besonders dann, wenn er sich wild und mürrisch gebärdete. War der Stier bösartiger Natur, so wurde ihm der Schädel mit einem kurzen Strick an den Vorderfuß gefesselt, sodass ihm die Lust zu Ausschweifungen verging. Nun folgte der »Halbkaser« oder ein Hirtenbub mit dem Galtvieh, hinter diesen der Ochsner. Dann kamen Schafe und Ziegen mit dem Schafer. Sämtliches Almpersonal trug große »Almgoasln«, manchmal auch ein aus Rinde verfertigtes Waldhorn. Am Ende des langen Zuges liefen die grunzenden Schweine. Den Schluss machten das »Almwagele« und die »Kraxentrager« mit den Gerätschaften sowie der Bauer mit seinem Fuhrwerk.

Die Kühe schienen sich ihrer Ehre wohl bewusst zu sein, denn sie schritten mit ihren großen Glocken gar würdevoll einher. Von Zeit zu Zeit, besonders an freien Plätzen, eilte der Senn voraus und holte, während die Zuschauermenge rings zurücktrat, mit seiner großen »Almgoasl« nach rechts und links aus, dass der Knall weit hörbar durch die stille Herbstlandschaft zitterte. Ein solcher Almheimzug war in der Tat eine wahre Pracht, besonders in jenen Gegenden, wo Wohlstand und Viehzucht blühten. Dort hörte man ein paar Wochen um Michaeli herum bis tief in den Oktober nichts als Glockenklang, Peitschenknall, Singen und Jauchzen von nah und fern. Nur von jener Alpe, wo während des Sommers ein Unglück geschehen war, zog die Herde klanglos und ungeschmückt heim. Kam der Zug an ein Haus, so lief natürlich Groß und Klein heraus und bestaunte die schönen Kühe. Die Bäuerin überreichte dem Senner ein Glas Schnaps. Und der teilte von seinen Alpenblumen aus. Begegnete der Zug einem Wirtshaus, so warteten dort gewöhnlich Bekannte und Nutznießer der Alpe, die dem Senner und den Hirten den sogenannten Melkertrunk zahlten.

Endlich erreichte man das heimatliche Dorf. Hier war alles auf den Beinen, denn schon lange vorher verkündete dumpfer Peitschenknall und taktmäßiger, immer näher rückender Glockenton das Nahen der Erwarteten. Im stattlichen Zug, der Senn voran, zog die Herde durch die Gassen des Dorfes. Hausfrauen und Kinder, Knechte und Mägde, Freunde und Nachbarn eilten zur Begrüßung herbei. Selbst steinalte Mütterchen humpelten aus der Stube. Man nahm nun dem Almvieh die großen Glocken und Zierden ab und trieb es dann auf eine Wiese oder in den Anger, damit es sich bei frischem Gras von den Anstrengungen des Tages erholen konnte. Die Zuschauermenge folgte neugierig hintendrein. Hier gab es gewöhnlich ein hitziges »G'steaß« zwischen dem Alpenvieh und den im Stall gebliebenen Kühen zu erleben. Letztere waren diejenigen, die den Sommer über zu Hause geblieben waren und die man ebenfalls zu den Neuankömmlingen in den Anger getrieben hatte. Die Tiere kannten ihre ehemaligen Kameraden nicht mehr. Also senkten sie alsbald ihre wuchtigen Hörner und stachen aufeinander los, dass die

Rasenflecken aufflogen. Natürlich zogen die Heimkühe, die den ganzen Sommer über im Stall gestanden waren, vor den kräftigeren Töchtern der Berge den Kürzeren. Das Publikum folgte diesen Kämpfen mit großem Anteil und musterte und betrachtete jedes Stück von oben bis unten. Daneben tummelten sich die Buben mit den großen »Klumpern« herum, probierten die »Almgoaßln« und sangen und jauchzten, dass es eine Lust war.

Im Mittelpunkt aber stand der Senner, direkt in der Menge. Mit überseligem »piperlrotem« Gesicht, schon halb bedusel vom Schnaps, wusste er kaum, wem er zuerst Red' und Antwort stehen sollte, denn alles drängte sich um ihn und bestürmte ihn mit Fragen über die »Braune« und »G'scheckte«. Ob sie »verworfen« habe, wie sie »verworfen« habe, wie oft sie sich verlaufen hätten und wo. Kurz, der Senner sollte die Lebensbeschreibung jeder Kuh parat haben. Was Wunder, wenn er dieselbe nach Art der wackeren Waidmänner mit etwas Sennerlatein ausschmückte. Da mussten dann schaurige Spukgeschichten aus den Alpen herhalten, gewürzt mit Ausschmückungen wie dem »schwarzen Schaden«, den Hexen unter das Vieh gebracht hätten, und von neckischen Wichteln, die die Butterkugeln gestohlen hatten.

Die Sennleute wurden mit einem Nachtmahl aus Kücheln, Krapfen und Schnaps bewirtet. Man setzte sich zum »Heimgarten« in der guten Stube zusammen – um das Ereignis noch einmal des Langen und Breiten zu erörtern. Die

Hirten machten sich indessen meistens beizeiten auf und davon. Sie zogen mit ihren Almgeißen Gassen aus, Gassen ein und knallten um die Wette, denn das Schwingen der Peitschen erforderte große Kraft und eine eigene Kunstfertigkeit. Der Trupp kehrte abermals im Wirtshaus ein, wo er sich bei Wein und Schnaps bis in den frühen Morgen vergnügte. Der Senner aber ging zu seinem Schatz »fensterln« und sang:

Gen Alm geh i nimmer,
I woaß schon, warum,
Weil ka Hochzeit nit ist
Und ka Diandl weitum.

Der prächtig ausladende Kopfschmuck beim Almabtrieb ist das Symbol für einen erfolgreichen Almsommer.

Erntedank

Der Höhepunkt des landwirtschaftlichen Jahres ist auch heute noch der Zeitpunkt der Ernte. Unter freiem Himmel gilt das Gesetz der Natur. Wie waren die Wetterverhältnisse im Jahresverlauf? Hat das Wetter »gehalten«? Gab es Hagel, Blitz und Donner zur Unzeit? Oder aber Sonnenschein, der das Getreide auf den Feldern gedeihen ließ? Am Ende des Erntezyklus stand daher ein Fest, in dem Gott, dem Schöpfer, gedankt wurde. Diese Feste machte sich die Kirche zu eigen. Empfahl doch bereits der populäre geistliche Volksbildner Leopold Teufelsbauer (1886–1946): »Wo kein Erntefest sich findet, sollte es in bäuerlichen Gegenden Aufgabe der Seelsorger sein, dieses schöne Fest einzuführen.« Gesagt, getan: In den Pfarren bildet das Erntedankfest noch heute einen der Höhepunkte im kirchlich-weltlichen Jahresfestkreis. Dieses Dorffest richtet sich nach den klimatischen Bedingungen, findet also immer früher statt. Auf jeden Fall zwischen Anfang und Ende September. Bei der heiligen Messe werden vor dem Altar die Gabenkörbe mit den Ernteerträgen aufgestellt und in einer feierlichen Zeremonie geweiht. Anschließend geht es in einem hauptsächlich für Touristen gedachten Schauumzug, in dem sich die Gewerke in humoristischer Art und Weise präsentieren, durchs Dorf, bevor dann im Pfarrhof die manchmal das ganze Wochenende andauernde Erntedankfeier stattfindet. Wirkliche Rituale außerhalb der liturgischen Ordnung hält dieses Fest nicht mehr bereit. Wer nach diesen sucht, muss bei den ritualisierten Streichen und Späßen nachschlagen, die die sommerliche Handarbeit einstiger Landwirtschaft prägen.

So ging es beim Brecheln, der Flachsgewinnung, zwischen den Geschlechtern hoch her. Die Brechlerinnen waren handfeste Dorfschönheiten, denen die jungen Burschen zum allgemeinen Gaudium nachstellten. Sie näherten sich ihnen mit spöttischem Spruch:

Grüß euch Gott, Brechlerinnen all
mit der hölzernen Schnall,
mit dem hölzernen Schwert.
Ist heuer der Haar*
besser als vorig's Jahr?

Daraufhin die Angesprochenen:

Weiß wie Kreiden,
lind wie Seiden,
lang wie a Schiffseil,
heuer ist uns der Haar gar nit feil.

*Flachs

Näherte sich daraufhin der Bursch dem Mädchen handgreiflich, so konnte es schon einmal unter lautem Juchzen und Gelächter zum tatsächlichen Handgemenge, einer Rauferei, kommen. Manch einer, der sich vorlaut genähert hatte, verlor dabei ein Büschel Haare. Oder ging gar, war eine der Brechlerinnen besonders schlagkräftig, eines Zahnes verlustig. Auf jeden Fall endete die Annäherung immer mit der Vermählung einer »Braut« und ihres »Braters«, ihres symbolischen Bräutigams.

Erntedank: der unbestrittene Höhepunkt im Bauernjahr

Martinstag

Martiniloben heißt in meinem Wohnort Purbach: den jungen Wein loben. Obwohl noch trüb und unausgereift, wird er munter ausgeschenkt. Neunzehn Keller laden hier zum Verkosten. Das sind neunzehn Lobpreisungen. Ich belasse es jedoch bei jenem Sprichwort, demzufolge aller guten Dinge drei sind. Und kehre in einem Streckhof im Ortskern ein. Er ist schmal und wildromantisch. Eine lange Zeile mit mehreren Gebäuden, die vom Dorfplatz bis auf die gegenüberliegende Straße reicht. Der Besitzer ist bekannt dafür, Wein auszuschenken, der Kopfweh verursacht. Berühmt hingegen sind die Frühlingsrollen seiner asiatischen Ehefrau. Dementsprechend groß ist der Andrang in seinem Hof. Ich wechsle also zum Dorfwirten. Hier schenken Vater und Sohn einige der besten Weine der Gegend aus. Ich koste mich durch das gesamte Sortiment – und staune. Mein letztes Ziel ist der an einen japanischen Garten erinnernde Innenhof eines Bio-Weingutes. In seinem Keller befindet sich der schönste Heurige, den ich kenne. Ein Genuss für alle Sinne. Es ist der einzige Heurige, der nur an einem Tag im Jahr offen hat: an Martiniloben.

    Ebenfalls nur einmal im Jahr findet im Salzburgischen, genauer gesagt im Lungau, ein Kinderbrauch statt: der Umzug des »Kasmandl«. Diese urwüchsige

Figur geht auf eine alte alpenländische Überlieferung zurück. Im Herbst verlassen Sennerin und Senn die Almhütte. Die Alpmutter, eine sagenumwobene Frau, zieht statt ihrer in die Hütte ein. In ihrem Gefolge kleine Wichte, graue Männlein mit runzligem Gesicht. Alt gewordene Kinder. Die Kasmandln. Mit der Zeit ist die Sagenfigur der Alpmutter in Vergessenheit geraten. In den Vordergrund geraten sind stattdessen die Wichtel. Diese geisterhaften Wesen bewachen die Hütte den Winter über und ernähren sich vom Käse und dem Brot, das ihnen die Sennleute extra in der Hütte eingelagert haben. Damit die Kasmandln nicht frieren müssen, steht ihnen auch gehacktes Brennholz zur Verfügung. Mit Martini, dem Beginn des Bauernwinters, beziehen sie ihr Quartier und bleiben bis in den Frühling. In dieser Zeit dürfen die Bauern die Hütten nicht betreten, andernfalls würden sie Unglück heraufbeschwören. Die Lungauer Kinder aber verkleiden sich am Martinstag und gehen als Kasmandln um. Ihr Erscheinen steht symbolisch für den Beginn des Winters. Beim »Kasmandlfahren« gehen die Kinder von Haus zu Haus und erzählen vom Leben auf der Alp – das nun wieder ganz den Kasmandln gehört.

Allerheiligen

Der Tag, an dem die Kirche ihrer Heiligen gedenkt. In der Heimat meiner Kindheit, im Alpenvorland, bin ich mit den Schulkameraden um den Allerheiligenstriezel heischen gegangen. In meinem Wohnort Purbach im Burgenland marschieren die Mannen der Freiwilligen Feuerwehr und die Blasmusikkapelle auf. Ihr Stabsführer, ein Mann in der Mitte seines Lebens, hebt den Taktstock für den ersten Einsatz. Die Musik erklingt. Sie ist mir Hintergrundmusik meiner Gedanken. In Sichtweite des Kapellmeisters hat dessen Frau ihren letzten Wohnort gefunden. Die Urne mit ihrer Asche ist an der Außenmauer der Halle einbetoniert. Die Frau hat sich das Leben genommen. Sie durfte nicht in heiliger Erde begraben werden. Die Kapelle spielt einen getragenen Trauermarsch. Der Pfarrer tritt aus der Aufbahrungshalle ins Freie. Er spricht ins Mikrofon. Der Pfarrgemeinderat hält den tragbaren Verstärker. Der Wind verweht seine Worte. An einem unheiligen Ort, an dem Tote kategorisiert werden, sind Worte aber ohnedies nur Schall und Rauch.

Das kulinarische Bindeglied zwischen Allerheiligen und Allerseelen ist der Allerheiligenstriezel. Dieses Gebildebrot wird in der Form eines Zopfes gebacken. In früheren Zeiten wurde der Haarzopf als Opfergabe dargebracht. Trauernde Angehörige ließen sich ihre Zöpfe abschneiden, als sichtbares äußeres Zeichen ihres erlittenen Verlustes. Eine gänzlich entgegengesetzte Bedeutung hat der Hefezopf in meiner Wahlheimat, dem Burgenland. Hier ist er schlicht und ergreifend die Liebesgabe schlechthin. Zu Allerheiligen kaufen die jungen Männer solch einen »Verehrerstriezel«, um ihn an jenem Tag, der den Heiligen gewidmet ist, ihrer Auserwählten zu schenken. Ein Festtag also nicht nur für die Heiligen, sondern auch für die Allerliebste. In der Steiermark wiederum lässt das begehrte Mädchen den von ihr Auserwählten einen Striezel anschneiden und kosten. Schneidet dieser sich eine extradicke Scheibe ab, so heißt das: Er erwidert ihre Liebe. Emanzipation in der Grünen Mark. Kurt Derungs beschreibt in seinem lesenswerten Buch *Die Seele der Alpen* einen mir bis dahin völlig unbekannten Brauch aus dem Weinviertel: Hier »werden die noch teigigen, das heißt ungebackenen, Allerheiligenstriezel auf Strohbänder gelegt. Diese Bänder dienten im Winter dem Schutz der Obstbäume.« Wen wundert's, wenn die solcherart mit dem Allerheiligsten geschützten Bäume im Jahr darauf besonders pralle Früchte tragen.

Allerseelen

Kommen wir nun zum privaten Feiertag – dem Tag, an dem das Kirchenvolk seiner Verstorbenen gedenkt; dem Tag, an dem ich meiner verstorbenen Nächsten gedenke und den ich als besonders stimmig in Erinnerung habe. Früher, zu Hause im Alpenvorland, herrschte keine Trauerstimmung. Im Gegenteil: Fröhlicher Aufbruch war angesagt! Wir feierten das Leben, nicht den Tod. Mit der Spende des »Seelenweckens« nahmen wir symbolisch die Stelle der armen Seelen im Fegefeuer ein. Ich, der »Zuagroaste«, fühlte mich bei diesem Brauch zugehörig, weniger fremd. Der Umgang hatte etwas Sinnstiftendes.

Bekannt ist das »Seelbrotgehen« im Inn- und Mühlviertel, in einigen Gegenden von Salzburg und vor allem in Tirol. Da sich im Heiligen Land jedoch der erlaubte Bettel »zu Hilf und Trost der Armen« mit der Zeit zu einem auf schnöden Gewinn ausgerichteten Umgang wandelte, verlor sich der Brauch. Zugegeben: Er war auch für uns bereits mehr Folklore denn gelebte Tradition. Heute werden die milden Gaben, das Brot und Gebäck, das Getreide und das Mehl in die Pfarre gebracht. Um vom Pfarrer gerecht verteilt zu werden. Ganz anders in der Stadt. Hier in Wien, in meinem Heimatbezirk Meidling, erlebe ich das Friedhofgehen noch immer als zelebriertes Brauchtum. Die Zeit scheint stehen geblieben zu sein; eine Zeit, die der Lokalschriftsteller Emanuel Straube 1842 wie folgt beschrieben hat: »Wolken von Gezelten, in welchen Wachslichter, Blumen, Bänder und Votivbilder verkauft werden.«

Wenn ich aber in Wien bin, beginnt der Tag mit dem gemeinsamen Frühstück im Kreise der Familie. Das Ritual des Familienessens wird mittags wiederholt. Es gibt Schnitzel und Erdäpfelsalat. Anschließend flanieren wir die Meidlinger Hauptstraße entlang, hinauf zum Friedhof. Es ist immer derselbe Weg, den wir einschlagen. Vorbei an den Auslagen der Geschäfte, vorbei an immer derselben Konditorei, bei der wir den »Tisch danach« reservieren, direkt zum Blumengeschäft. Die Lieblingsblumen für den Uronkel, für die Großmutter werden gekauft, Kerzen erstanden. Dann geht der Spaziergang entlang der prächtigen Grabmäler der Hausbesitzer, eine Allee vergangener Größen, hin zu den schlichteren Gräbern der Gegenwart. Der erste Besuch gilt dem Uronkel. Der zweite dem Grab der Großmutter. Es sind immer dieselben Wege, dieselbe Handhabe: Blumen einstellen, Kerzen wechseln, stille Andacht. Im Anschluss an den Friedhofsbesuch kehren wir zur Nachmittagsjause in der Konditorei ums Eck ein. Eine Routine, die guttut.

Hubertusjagd

Nebel, graue Tage. Und vor allem Wind, Wind und nochmals Wind. Er scheint der Begleiter des November zu sein. Des, wie er im Jägerischen bezeichnet wird, Hubertusmonats. Mein Freund Josef Wein, der Pächter der Purbacher Jagd, weist mich auf den Schutzheiligen dieses Monats hin, Hubertus. Der Adelige, um 655 n. Chr. geboren, wurde bekannt, weil er verbotenerweise am fleischlosen Karfreitag zur Jagd aufbrach. Auf einer Waldlichtung erschien ihm ein mächtiger weißer Hirsch mit einem Kreuz im Geweih. Sein mahnendes Abbild dominierte jahrzehntelang die Schlafzimmerbilder über den Häuptern der Landbevölkerung. Sein Feiertag wird am 3. November begangen. Und zwar ausschließlich von den Hegern und Pflegern, die ihm zu Ehren an diesem Tag zur Jagd blasen. Den »goldenen Oktober« haben sie hinter sich, der »weiße Dezember«, in dem der Jäger sich der Pflege widmet, steht noch bevor. Der Waidmann befindet sich mittendrin im »jagerischen Quartal«. Halali! Die Jagd auf das ob seiner Trophäen begehrte Schalenwild ist freigegeben.

Zu Beginn des sogenannten Nebelmondes, am 3. November, wird der Jagdmonat feierlich eröffnet. Erlegt wird von der Wildgans über die Wildtaube, vom Niederwild über das Raubwild, von Fuchs bis Marder alles, was im Wald kreucht und fleucht. Es gilt die natürliche Auslese, mit der das Überleben in der Wildnis gewährleistet wird. Ob das fürs Überleben zu schwache Rehkitz, ein schwächelndes Kalb, ob ein von der Herde zurückgebliebenes Lamm oder der Hirsch mit imposanter Sechserkrone: Der Jäger entscheidet auf seinem Ansitz immer im Sinne dieses natürlichen Gleichgewichtes. Die Tage werden zwar kürzer. Und der Nebel verunmöglicht beinahe die Sicht. Doch diese widrigen Wetterverhältnisse stören den Jäger nicht. Früh am Morgen und spät am Abend besteigt er seine »Kanzel«, um gezielt nach weiblichem Schalenwild Ausschau zu halten, das er für den notwendigen Abschuss auswählt. Diese Alleingänge stehen in Kontrast zum Brauchtum der gemeinschaftlichen Hubertusjagd. Diese gestaltet sich als Treib- oder Drückjagd, jedenfalls als gesellschaftliches Ereignis im Gedenken an die wundersame Bekehrung des Wilderers Hubertus. Ob vom Anblick des Hirschen so ins Mark getroffen oder anderweitig zur Besinnung gekommen – der Adelige flüchtete sich in den Glauben und wurde sogar Bischof. Was Wunder, wenn die alljährliche Bewegungsjagd mit der feierlichen Hubertusmesse zelebriert wird, um, wie es feierlich heißt, »den Schöpfer im Geschöpfe zu ehren«.

Leonhardiritt

Der heilige Leonhard, ein fränkischer Landadeliger, der ein Einsiedlerleben führte, ist der bekannteste unter den Bauernheiligen. In Bayern wird er überhaupt gar als Herrgott verehrt, als Schutzpatron der Rinder und vor allem der Rösser. Zu einer Zeit, als das Pferd als Last- und Arbeitstier für den Landwirt von partnerschaftlicher Bedeutung war, wurden dieser »Rossheilige« und das im Arbeitsalltag so wichtige Pferd mit dem sogenannten Leonhardiritt gebührend gefeiert. Die Bedeutung dieses Brauches versteht man erst durch einen politisch inkorrekten, aber aus der Zeit heraus zu verstehenden Spruch: »Weibersterben tuat in Bauern ned verderben, Rossverrecken aber tuat eam schrecken.« Eine Frau fand sich der rüstige Witwer mit Hofbesitz demnach allemal, ein gesundes, kräftiges und ausdauerndes Pferd eher nicht. Mit dem Verlust der einzelnen Pferdestärke und dem Aufkommen maschineller PS verloren sich die Pferdesegnungen und Reiterspiele wie das »Kranzlstechen«. Die Tradition wurde jedoch in der ersten Hälfte des 20. Jahrhunderts durch Brauchtumsvereine und Reiterklubs wiederbelebt.

Im Anschluss an die Leonhardiritte finden an den Nachmittagen in manchen Gemeinden im Land ob der Enns Reiterspiele statt. Hier können sich die Reiter in verschiedenen Disziplinen mittelalterlicher Spiele messen und ihre Geschicklichkeit unter Beweis stellen: Beim bereits erwähnten »Kranzlstechen« muss ein herabhängender Kranz mithilfe eines Stockes errungen werden. Beim »Türkenstechen« wird eine Figur mit der Lanze in Drehung versetzt, beim »Fasslschlagen« in vollem Galopp ein aufgestelltes Fass zerschlagen. Gemütlicher geht es da schon beim »Blochziehen« zu. Dabei beweist das Pferd seine Stärke beim Ziehen eines Baumstammes.

Große Verdienste um die Tradition hat das bayerische Bad Tölz geleistet. Bei der jährlichen Leonhardifahrt, deren Wurzeln im 17. Jahrhundert liegen, fährt ein Korso von achtzig Pferdekutschen durch die Stadt. Rund 25.000 Besucher erfreuen sich am Aufzug der Pferde mit dem prächtig geschmückten Kummet und ihrem blumenberankten Gespann. Aus Oberösterreich ist ein volkstümlicher Reim überliefert:

B'hüt uns, St. Leonhard,
dass uns kein Hund nicht beißt,
kein Wolf nicht z'reißt
und kein böser Mensch nicht schad't.

Ein Ritual, auf das sich in der Weihnachtszeit alle besonders freuen: Weihnachtskekse backen

WEIHNACHTS-
FESTKREIS

◆────────────◆

Das Jahr ist beinahe zu Ende, und während der Advent begangen und damit wörtlich auf die Ankunft des Herrn gewartet wird, verabschiedet man sich mit zahlreichen Ritualen vom vergehenden Jahr, stellt sich auf das kommende ein und versucht, dem Glück ein bisschen auf die Sprünge zu helfen. Die Weihnachtszeit gehört dann der Familie und den Kindern, bis die Glocken allerorts das neue Jahr herbeiläuten.

Niglo

Der Advent beginnt mit dem Besuch des heiligen Mannes, des »Niglo«. Der Nikolaus im Alpenraum ist viel mehr als das uns Städtern altbekannte Bild vom sanften Mann mit dem Rauschebart und der sonoren Bassstimme. In den Alpen wird die verkleidete Bischofsgestalt »Niglo« gerufen. Und man denkt ihn sich als Einheit von Mann und Frau. Kommen doch im Winter gleich zwei Gestalten zum Hausbesuch. Besagter Niglo – und die Nikolausfrau.

Bleiben wir vorerst beim Nikolaus. Geht es nach der Legende, so ist er ganz und gar nicht der bei Kindern so beliebte Onkel, der freudig in der guten Stube erwartet wird. Seinen Ursprüngen im Mittelalter nach handelt es sich beim heiligen Nikolaus um einen Mann, der nachts drei Goldkugeln ins Haus alleinstehender Frauen warf, um sie vor dem drohenden Schicksal der Prostitution zu bewahren. So jemanden wollte die Kirche aus pädagogischen Gründen nicht als milden Gabengeber sehen. Daher war es ein Mysterium, das den Kindern Äpfel und Nüsse in die Schuhe oder in kleine, selbst gebastelte Schiffchen vor der Haustür steckte. Namentlich erscheint der Niglo erst im 15. Jahrhundert. Da heißt es in einem Kindergedicht:

Heiliger St. Nikolas,
in meiner Not mich nit verlaß,
kombt heint zu mir und leg mir in mein kleines Schiffelein
darbay ich Ewer gedenkhen kann,
das jr seit ein frommer Mann.

Zu jener Zeit forderte die Kirche nach dem Konzil von Trient Pastoralvisiten ihrer Bischöfe. Da diese nicht überall sein konnten, bediente man sich gerne der verkleideten Darsteller, die diese Aufgabe als Niglo stellvertretend wahrnahmen. In einem goldenen Buch hatten sie die guten Taten der Kinder aufgezeichnet. Die Kirche allerdings ist eine pädagogische Anstalt. Weswegen es nicht ausbleiben konnte, dass dem guten auch der böse Gesell beigestellt wurde: der Krampus. Er schalt, wo der andere lobte. Der moralische Aspekt setzte sich in den beliebten Stubenspielen fort. Nikolaus und eine Schar rauer Gesellen erfreuten und erschreckten die Kinder in den Dörfern. In Tirol bewirteten die Kinder das Pferd des »heiligen Mannes« mit Hafer. In allen größeren Ortschaften kam es zu Heischebräuchen. Arme Leute führten zum Gaudium der Zuseher Stubenspiele mit dem bekannten Personal auf und schlugen sich mit diesem Spaß ein paar Kreuzer heraus, so eine zeitgenössische Überlieferung. Aber wer ist eigentlich das Vorbild für den Niglo?

Nikolaus von Myra war ein reicher Erbe, der sein Vermögen an die Armen verschenkte und Priester wurde. Das Volk wählte ihn zum Bischof. Als Niglo schließlich wurde er tatsächlich zu einem Volkseigentum.

Der Niglo als Freund der Kinder in der »guten Stube« eines Öblarner Bauernhofes in der Steiermark

Nikolausfrauen

Mir ist seit meiner frühesten Kindheit ausschließlich der bärtige Bischofsdarsteller bekannt. Doch wenn ich ganz genau überlege, dann gibt es da eine Begegnung im Kindergarten, wo statt des üblichen Krampus ein Mädchen mit goldgelocktem Engelshaar und zwei Flügerln den »Weißen« begleitet hat. Ob das wohl ein Hinweis auf die Nikolausfrau gewesen sein mag? Gleichwohl, ich werde es im Nachhinein nicht herausfinden.

Den Hinweis auf die weibliche Auslegung des mir bekannten Brauches habe ich dem Ethnologen Kurt Derungs zu verdanken, der diese mir unbekannte Ausgestaltung der Figur wie folgt beschreibt: »Mit seinem Auftreten als weiße Gestalt glich er der Percht, die schlicht in Weiß gekleidet zu den Leuten kam.« Zur Erklärung: Der Name »Percht« kann mit »die Weiße« übersetzt werden, leitet er sich doch vom Althochdeutschen *beraht*, also weiß, ab. Aber lesen wir weiter in der Abhandlung: »Der männliche Nikolaus konnte nicht auf die göttliche Ahnfrau verzichten, die nun in der Gestalt der ›Nikolausfrau‹ fortlebt. Sie zeigt sich im langen weißen Kleid mit offenem Haar, mit weißer Gesichtsmaske oder weißer Kappe. In der Hand hält sie einen mit Gaben gefüllten Korb, die sie an die Menschen verteilt. Oft tritt sie aber nicht in Erscheinung, dafür jedoch der Bischof.« Doch dieser wurde häufig ebenfalls von einer Frau dargestellt. Seine Kleidung bestand aus langen weißen Frauenunterröcken und Blusen. Es gab bis in die 1950er-Jahre hinein Orte in Österreich, in denen er – als Erinnerung an seine Vorgängerin – als »Nikolausfrau« bezeichnet wurde.

Und hier komme ich nochmals zurück zu meiner frühkindlichen Engelserscheinung, fühle ich mich doch in meiner Vermutung bestätigt. Begleitete nämlich ein Engerl das Bischofsbengerl, dann war das nur ein verkleidungstechnischer Hinweis auf die Nikolausfrau. Das lange weiße Kleid, die offenen Haare, das mädchenhafte Lächeln – nur eine Frau konnte in dieses Gewand schlüpfen. Nur eine Frau oder ein Mädchen konnte das Anforderungsprofil dieser Figur erfüllen. Eine Nikolausfrau.

Strohschab

Es war bei einem Termin in Öblarn. Mein Fotograf und ich machten uns mitten in der Nacht auf, um eine Partie der legendären Krampusse hinauf in die Berge zu begleiten. Es war für mich als Autor ein unbeschreibliches Erlebnis. Wir saßen am Traktoranhänger, mitten unter den wilden Gesellen. Die schaurigen Masken. Und diese tiefschwarze Nacht. Am nächsten Tag, beim Sichten der Fotoauswahl, dann der Schockmoment. Viele der Bilder dieses nächtlichen Umzuges in den Bergen waren unterbelichtet. Der Organisator des Umzuges, Siegfried Pleyel, zwinkerte nur und sagte: »Kemmts mit, i zoag eich wos.« Wir gingen um die Ecke, hinter den Stadel. Und da standen sie aufgereiht: die »Strohschab«. Sie sind die Begleiter der Kramperl beim offiziellen Nikolausumzug am 5. Dezember. Das Gebilde – das nur unzureichend mit dem Begriff Kostüm zu bezeichnen ist – besteht aus Roggenstroh. Die Tradition will es, dass dieses Stroh von Hand gedroschen wird. Aus dem Stroh werden ein Kittel, ein Oberteil und der Kopf übereinandergeschichtet und kunstvoll ineinandergeflochten. Statt einer Rute tragen die Strohmänner eine Peitsche, die »Goasl«. Siegfried machte einen kurzen Rundruf. Wenig später versammelten sich, noch schlaftrunken, einige unserer nächtlichen Kameraden am Hof vor dem Stadel und schlüpften für den Fotografen bei schönstem Sonnenschein noch einmal in die Rolle der »Strohschab«.

Was wir nächtens erlebt hatten, war das ursprüngliche Stubenspiel mit Nikolaus und Krampus. Es wird ausschließlich für die Öblarner Bauern abgehalten. Am Tag darauf, unter Begleitung der Strohmänner, findet der touristische Umzug durch den Ort statt. Er hat es sogar zum UNESCO-Titel »Immaterielles Kulturerbe« geschafft. Hier wird den Schaulustigen gezeigt, was unter christlichem Einfluss in den Alpen Einzug gehalten hat. Einst zog die Strohschab von Haus zu Haus, schnalzte – und brachte den Hausleuten so Glück und Segen. Das ursprüngliche Winterpaar waren die Percht und der Strohmann. Letzterer stand symbolisch für den dürren Herbst- und Winteralten. Die Goasl diente ihm als Lebensrute. Die Männer, die unter den schweren Strohgebilden auch im Winter schwitzten, wurden jedoch nicht in die warme Stube gebeten – das hätte Unglück ins Haus gebracht. Sie wurden im Freien bewirtet, durften dabei aber (zum Beispiel bei Schneefall) nicht unter den schützenden Dachvorsprung treten. Sie mussten also einen gewissen Respektabstand zu jenem Gebäude halten, dem sie durch ihren Auftritt eigentlich Glück und Segen gebracht hatten.

Raunächte

»Rau« steht für das Räuchern, das Reinigen der Atmosphäre. Tagsüber wurde zum Schutz vor Unheil geräuchert. Abends schaute man durch den Rauch in die Zukunft. Das Raue meint aber auch das Haarige: *rûch* im Mittelhochdeutschen. Also die mit Fell bekleideten Gesellen der Wilden Jagd, die Perchten. Die Nacht wiederum steht für die Jahresnacht. Dem keltischen Jahreskreis nach befinden wir uns zwischen Wintersonnenwende und Dreikönig in der dunklen Zeit des Jahres. Daher wird sinnbildlich der ganze Tag als Nacht bezeichnet. So dauert die erste Raunacht exakt von Mitternacht des 24. bis Mitternacht des 25. Dezember an.

Der Volksmund kennt zwei Varianten von Raunächten. Eine, die sich in Fasten- und Feierzeit einteilen lässt, und jene bekanntere, auf die ich gleich zurückkomme. »Raunåcht san vier, zwoa foast und zwoa dürr«, heißt es in einem alten Bauernspruch. Diese Vierervariante umfasst den Thomastag, Heiligabend, Silvester und die Nacht vor Dreikönig. An Heiligabend und Silvester wurde gefastet, am »Thomerl«, dem Schlachttag, und am Ende der Raunächte, vor Erscheinen der Heiligen Drei Könige, gevöllert. Man schlug sich also die Bäuche voll und nannte diese Feiertage die »Foasten«.

Die im Alpenraum wesentlich bekanntere Raunachtregel folgt der kirchlichen Interpretation der zwölf heiligen Nächte. Dem Volksglauben nach konnte in dieser Zeit die Zukunft, aber auch, ganz praktisch, die Witterung vorhergesagt werden. Es war eine Zeit der Rituale. Sind diese doch Ausdruck unserer Sehnsucht nach Einfachheit, nach Natürlichkeit, nach dem Althergebrachten. Das wohl bekannteste Ritual beschreibt Susanne Türtscher, die gemeinsam mit ihrem Mann im Großen Walsertal einen Bergbauernhof bewirtschaftet: »Ich bereite mich auf den Räuchergang vor – zunächst im Haus. Auf ein Stück Kohle lege ich das Harz von Kiefern, Fichten, Tannen, von Wacholder und Meisterwurz. Mit der Räucherschale gehe ich herum. Verbreite den duftenden Rauch in alle vier Winkel unserer großen Wohnküche. Dabei trage ich ein kleines Glöckchen bei mir. Nach alter Überlieferung stöbert es das ›verhockte Glöckchen‹ auf. Ich läute in jede Ecke des Raumes. Ich räuchere jedes Zimmer aus, vom Dachboden bis zum Keller. Der Rauch kriecht in die verstecktesten Winkel. Nach dem Umgang öffne ich die Fenster. Das Alte, das Krankmachende, das Ausgediente, Schwere, es darf jetzt weichen. Doch zuvor wird es noch einmal laut benannt, gewürdigt und schließlich mit dem Segen nach draußen ins Freie entlassen.«

Schiachperchten

Perchtenläufe datieren in der Mitte der Raunächte. In dem uralten Brauch stecken christlicher Glaube, heidnische Überlieferung und historische Wahrheit. Der Perchtenlauf ist ein sogenannter Rügebrauch. Ein Brauch also, bei dem nicht verurteilt, sondern nur Nachschau gehalten wird. Der Umzug findet ohne Ankündigung und vor allem unter Ausschluss der Öffentlichkeit statt. Es ist ein Brauch, der eigens für die Landwirtschaft abgehalten wird, um dieser Glück und Segen zu bringen. Es gibt Schönperchten, zu denen ich gleich komme. Und die sogenannten Schiachperchten, raue Gesellen wie das »Wilde Gjoad«. Es taucht im Salzburger Land auf, produziert sich – und verschwindet wieder im Nichts. Dazwischen findet ein mystisches Ritual statt. Der »Vorgeher« ruft am Hof aus: »Glück hinein, Unglück hinaus! Es zieht das Wilde Gjoad ums Haus!« Daraufhin schreit das »Hahnengickerl« schrill auf. Und der »Tod« schlägt mit einem Oberschenkelknochen die Trommel. Im Schein von Fackeln spielen junge Frauen auf hölzernen Schwegelpfeifen auf – ein gewollt romantischer Kontrast zum wilden Treiben. Es scheint, als ließen sich die furchterregenden Gesellen von den sanften Tönen in ihren Bann ziehen. Jedenfalls beginnen sie, sich im Takt zu wiegen. Der »Tresterertanz« beginnt. Der Bann dauert nur diesen einen Tanz lang an. Sobald die Flöten verstummen, beginnt die Meute wieder zu toben. Ketten rasseln, unheimliches Gebrüll hallt in die Nacht. Der »Rabe« kräht zweimal. Das Signal zum Einhalten. Die Fabelwesen werfen sich vor den Hausleuten in den Schnee. Und stieben anschließend davon. Ein Luftumzug von zwölf schaurigen Gestalten. Und zwar exakt zwölf Gestalten. Weisen die Figuren doch auf die zwölf Raunächte hin – die anno dazumal finsterste Zeit des Jahres. Jede der Figuren hat ihre eigene Biografie, eine Geschichte, die eng mit der Raunacht-Zeit verwoben ist.

Den Zug, der über Schneewechten und gefrorene Ackerschollen hastet, führt die »Vorpercht« an. Sie stützt sich dabei auf den Vorgeherstock und kündigt sich mit dem traditionellen Spruch am Hof an, der dem Salzburger Perchtenkult entnommen ist. Die eigentliche Hauptfigur, der Mittelpunkt des Treibens, ist jedoch der »Tod«. Er führt den Geisterzug mit seiner Trommel an. Keine Sage rund um den Salzburger Untersberg, in der er nicht ein Wörtchen mitzureden hätte.

Gefürchtet und wohlgelitten: ein steirischer Schiachpercht

Schönperchten

Die Schiach- und die Schönperchten stehen im Wettstreit miteinander. Den beiden Gruppen geht es jedoch um ein und dasselbe: den Triumph des Frühlings/Sommers über den Herbst/Winter. Die »Tresterer«, die hauptsächlich im Salzburger Pinzgau und in der Stadt Salzburg ihre Kunst vorführen, sind tänzerische Figuren des bayerisch-alpenländischen Brauchtums. Erstmals belegt ist der Brauch im Jahr 1841. Das »Trestern« leitet sich vom Dreschen des Getreides durch Stampfen ab. Die Gruppen werden »Passen« genannt. Sie unterscheiden sich je nach ihrem Auftrittsort. Gemeinsam ist ihnen jedoch der Auftrittstermin. Am Abend des 5. Jänner präsentieren sich die »Passen« in der Salzburger Altstadt. Und auch jene am Land ziehen im Pinzgau über die Felder. Der eigentliche Höhepunkt ist der Tanz. Er ist eingebunden in eine festgelegte Choreografie der verschiedenen Figuren. Die Vorpercht betritt den Platz vor dem Hof oder in der Gasse, nachdem der Hanswurst diesen mit folgendem Spruch geräumt hat:

Griaß eich Gott, liabe Leit, sads nur stad und passts auf,
die Tresterer machen ean Lauf.
Als Hanswurst muass i z'erscht a Kreiz nei schlog'n,
dann kinnan die Tresterer ihren Tanz vurtrogn.

Alpenländische Schnitzkunst: Perchtenmasken von Osttiroler Meistern

Doa tuats von an Droad austreten her kemma
und soid ins alle Glück und Segen bringa.
Lopp, Lappin, Zopfn und Werchmandl,
Hobergoassn, Kropfnschnopper, Heanapeacht,
die Schiachen und a poar Musikanten
tan a mit uns umanaunda ziachn.
Und so winscht eich die Tresterer Pass
fias neiche Joahr an Frieden, an Gsund und an Reim.

Die Vorpercht stampft nun rhythmisch mit den Schuhen, und die Tresterertänzer, ausschließlich Männer, führen einen höchst komplizierten Rundtanz mit Hüpf- und Stampfschritten auf. Mal mit Musikbegleitung, mal ohne. Der Tanz der Schönperchten soll den Bauernfamilien Erntesegen, Fruchtbarkeit, Glück und Gesundheit bringen. Danach werden die stets willkommenen Gäste zu einer Bauernjause geladen, bevor sie wieder verschwinden – im Nichts der Dunkelheit.

Rosenkranz

Er gehört zum Bauerntum wie die Wetterregeln. Der Rosenkranz ist die Ritual gewordene Meditation der Landwirtschaft. Weniger aus religiösen Gründen, vielmehr weil ihm beinahe übersinnliche Macht über die Natur eingeschrieben ist. Ich selbst habe das Rosenkranz-Beten als wichtigen Bestandteil der gesellign Adventsamstage erlebt. Neben dem gemeinsamen Singen und dem anschließenden Verzehr der frisch gebackenen Kekse. Doch wer kennt heute noch den Ablauf dieser Anbetung Mariens als »geheimnisvolle Rose«?

Wir beginnen mit dem Kreuzzeichen: »Im Namen des Vaters und des Sohnes und des Heiligen Geistes. Amen.« Der Vorbeter nimmt nun das Kreuz zwischen die Finger und betet im Dialog mit der Gruppe das Apostolische Glaubensbekenntnis: »Ich glaube an Gott, den Vater, den Allmächtigen, den Schöpfer des Himmels und der Erde. Und an Jesus Christus, seinen eingeborenen Sohn, unseren Herrn, empfangen durch den Heiligen Geist, geboren von der Jungfrau Maria, gelitten unter Pontius Pilatus, gekreuzigt, gestorben und begraben, hinabgestiegen in das Reich des Todes, am dritten Tage auferstanden von den Toten, aufgefahren in den Himmel. Er sitzt zur Rechten Gottes, des allmächtigen Vaters; von dort wird er kommen zu richten die Lebenden und die Toten. Ich glaube an den Heiligen Geist, die heilige katholische Kirche, Gemeinschaft der Heiligen, Vergebung der Sünden, Auferstehung der Toten und das ewige Leben. Amen.«

Danach folgen im Wechsel kleine und große Perlen der Kette mit den verschiedenen Geheimnissen der Mutter Gottes. Eine monotone, bis zu einer Stunde dauernde Zeremonie. Ein Ritual im besten Sinne des Wortes. Ermüdend zwar, jedoch in seiner liturgischen Heilkraft nicht zu unterschätzen. Das Wort Rosenkranz stammt vom lateinischen *rosarium*. In diesen Rosengarten, mal dornig, mal duftend, begibt sich, wer die Perlenkette in die Hand nimmt. In Zeiten der permanenten Unruhe hat dieses beruhigende Ritual etwas Zeitloses an sich.

Holzperle für Holzperle: Die Rosenkranz-G'satzln spenden Trost und geben Anlass zu innerer Einkehr.

Brauchgebäck

Backen ist das Ritual schlechthin in der »staaden Zeit«. Weihnachten ist im gesamten Alpenland die Zeit des Brauchgebäcks. Da zieht in jedem Haushalt der heimelige Duft von Keksen, Broten, Kipferln ein. Gebäck, das gar sonderbarste Namen kennt. Was dem Burgenländer der »Hausvater«, dem Steirer das »Windradl«, dem Salzburger das »Gebildbrot« und dem Tiroler der »Zelten«, das ist dem Oberösterreicher sein »Störibrot«: ein Früchtebrot und neben dem Kletzenbrot das traditionelle Weihnachtsgebäck. *Störi* geht im Althochdeutschen auf die Eigenschaft »stark« zurück. Manch Alteingesessener ob der Enns verortet das Wort allerdings bei den früheren Mahlgemeinschaften, die Milch, Eier, Fett und Gewürze »zusammensteuerten«. Gehen wir weiter zurück in der Geschichte, mag der Name auch von den im Mittelalter üblichen Zins- und Steuerbroten abgeleitet sein.

Früher hatten die meisten oberösterreichischen Bauernhäuser ihr eigenes Backhaus, das »Bahhäusl«. Alle vierzehn Tage wurde gebacken. In den Raunächten wurde die Ernte des Sommers in den Winter gerettet, die Früchte im Brot verbacken. Angeschnitten wurde das Festtagsbrot erstmals zu Weihnachten. Nach den Feiertagen luden sich die Familien gegenseitig zum

Störibrot-Kosten ein. Das Backen des Störibrotes war willkommener Anlass zum Orakeln. Der Blick ins Ofenloch wurde so zum Ausblick auf das neue Jahr.

Humorvoll ging es in Tirol zu, wo der Scherz Teil der Festkultur ist. Der Tiroler »Zelten«, ein Birnenbrot, ist bekannt für seine »Scherze(rln)«. In diese wurden Stricknadeln oder Nägel eingebacken. Junge Leute gingen nun zum Anschneiden zu ihren Angebeteten. Galt doch der Scherz als sichtbares Zeichen einer heimlichen Liebelei.

In der Steiermark gibt es ein Gebildbrot namens »Windradl«. Es besteht aus einem schmalen Teigstreifen, der zum Rad geformt und mit einem Kreuz aus zwei weiteren Teigstreifen verbunden wird. Am Weihnachtsabend wird dieses Gebäck »an den Wind verfüttert«.

Und im Salzburgischen bekam das Vieh gleich sein eigenes Gebildbrot: Die »Anklöcklerbrote« hatten die Form von Pferden und Kühen. Sie wurden an die Armen verteilt. Das sollte Unglück bei den Rössern verhindern und den Rindern Glück bringen. Was die Brote auf jeden Fall mit sich brachten: Sie stillten den Hunger der herumziehenden »Anklöckler« an den Feiertagen. Am Brotbacken habe ich persönlich mich – noch – nicht versucht. Umso lieber ist mir das Backen und hier im Speziellen: das Kekserlbacken.

Für mich ist es eine meiner schönsten Erinnerungen – wenn nicht sogar die schönste – an den Advent. Aufgewachsen in einem Haus am Waldrand, verbinde ich mit dem Backen den ersten Schneefall, die angezuckerten Baumwipfel und die Rehe, die sich zum Schutz vor dem Schneetreiben bis ans Haus heranwagten. Wir konnten uns danach richten: Ende November schneite es, dann begann das Keksebacken. Das ist alles längst vorbei. Wir haben Klimawandel, und der Schnee bleibt aus. Was mir aber geblieben ist, ist die Gewohnheit des Keksebackens.

Mit diesem Ritual konnte ich eine Frau aus meinem Bekanntenkreis sogar von ihrem Trauma befreien. Sie hat an die Vorweihnachtszeit eine ganz und gar schlechte Erinnerung. Sie war noch ein Kind, als knapp vor dem Weihnachtsfest ihre Mutter starb. Schon ihr ganzes Leben lang ist der Tod der Mutter in der Vorweihnachtszeit ein Tor, das ihr Weihnachten verschließt. In meiner Sprachlosigkeit bediente ich mich Handgreiflichem: Ich lud sie jährlich zum Vanillekipferlbacken ein. Seite an Seite wuzelten wir Teigröllchen. Unsere Plauderei ging Hand in Hand mit unserem Tun. Wie selbstverständlich teilte sie sich dabei mit. Und ich hörte ihr schweigend zu. Die automatisierten Handgriffe weckten ihr Vertrauen. Sie ging aus sich heraus, redete sich von der Seele, was sie belastete. Als wir die ofenwarmen Kipferln mit Zucker bestäubten, beschämte sie mich regelrecht. »Du hast mich heute von meinem Trauma befreit«, sagte sie, »ich freue mich endlich wieder auf Weihnachten.«

Ich selbst träume mich Jahresende für Jahresende in meine Kindheit zurück. In eine Vorweihnachtszeit, geprägt von Schneeflocken, von Weihnachtsmusik aus dem Radio, von Adventkränzchen im Kreis der Familie. Die Stille treibt mich nach solchen Träumereien meist nach draußen. Angenehme Nachtluft umfängt mich an diesen Dezemberabenden, klar, klirrend. Ein Meer goldgelber Glühwürmchen empfängt mich. Der Friedhof über den Kellern liegt schwarz da. Ich stelle mich im Dunkel auf und tauche von oben ein in das goldgelbe Lichtermeer von elektrischen Kerzengirlanden, die in den Ästen der die Kellergasse säumenden Bäume drapiert sind. Es scheint, als würden Glühwürmchen über die Dachlandschaft des Dorfes fliegen. Als würde das Lichtermeer das Dorf fluten – Gefühle überschwemmen mich, die zu beschreiben ich der Worte nicht mächtig bin. Es gibt eine akustische Entsprechung für dieses Bild. Den Andachtsjodler: Tjo, tjo i ri, tjo, tjo i ri, tjo tjo ri ridi, ho e tjo i ri.

Thomastag

Einst galt der Weihnachtstag als Fasttag. Erst zur Bescherung am Abend gab es das Festessen, oftmals eine Bratwurst. Der Thomastag am 21. Dezember ist die erste der vier Raunächte. Es ist der Tag der Wintersonnenwende. Dieser Tag ist dem Apostel Thomas gewidmet, dem Zweifler unter den Jüngern Jesu. Der ungläubige Thomas mochte erst an Jesu Auferstehung glauben, als er seinen Finger in dessen Seitenwunde legte. Die vierundzwanzig Stunden dieses Tages bilden den kürzesten Tag mit der längsten Nacht des Jahres – und die Dunkelheit wurde seit jeher mit Zweifel gleichgesetzt. Mit Einbruch der Dunkelheit kamen die Nachbarn zusammen. Es gab den sogenannten Sautanz. Ein regelrechtes Schlachtfest, bei dem ein ganzes Schwein komplett verarbeitet und zum Teil sofort verkocht wurde.

Ein Sprichwort besagt: »Du sollst den Tag nicht vor dem Abend loben.« Daher vergaß man bei aller kulinarischen Geselligkeit nicht, an das Danach zu denken. Die Thomasnacht war die Nacht der Orakel und Weissagungen. Die Alten gingen mit Einbruch der Dunkelheit, die Räucherpfanne in der Hand, durch die Stuben und in den Stall. Die Jungen stellten sich der Zukunft dagegen spielerisch: In geselliger Runde praktizierten sie den Brauch des »Hütlhebens«. Am Esstisch lagen dazu diverse Hüte. Unter jedem Hut verbarg sich ein anderes Symbol: für Liebe, Reichtum, Erbe, Tod, Unglück oder Glück. So begegnete man auf unterhaltsame Art und Weise seinem Schicksal. Doch das Hütlheben ist nur einer von vielen Orakelbräuchen, wenn auch einer, den wir noch heute unkompliziert praktizieren können.

Im damaligen Kontext zu verstehen und heutzutage nicht mehr wirklich praktikabel sind die vielen Bräuche, die hauptsächlich dem stark im Volk verankerten Aberglauben geschuldet waren. Was damals mit großer Ernsthaftigkeit durchgeführt wurde, entbehrt heute nicht einer gewissen Ironie. Aber der heilige Thomas galt als der Schutzheilige der Liebenden und wurde daher als Experte in Fragen des Ehestandes zu Rate gezogen: Die jungen Leute gingen abends zum Gartenzaun, der im Idealfall aus Haselnuss gearbeitet war, fassten einen Pfahl und sprachen die salbungsvollen Worte: »Gartenzaun, ich schütt'r dich, feines Lieb, ich witt'r dich.« Woraufhin ihnen der Wind die Namen der Liebsten ins Ohr flüsterte. Es ging jedoch auch handfester, konnten die Suchenden doch gleich anhand der Beschaffenheit des Pfahles das Aussehen ihrer Zukünftigen feststellen. Ein frischer Zaunstecken verhieß Jugendlichkeit, ein morscher Stecken das Alter.

Räuchern ist gelebte Tradition bis heute, und der Thomastag am 21. Dezember läutet die erste der vier wichtigen Raunächte rund um den Jahreswechsel ein.

Heiliger Abend

Der Heilige Abend ist eigentlich der Abend vor dem tatsächlichen Weihnachtstermin, den die Kirche einst für den Christtag, den Tag der Geburt Jesu, festlegte. Erst im Biedermeier entwickelte sich Heiligabend zum besinnlichen Familienfest mit Lichterbaum und feierlicher Bescherung. Eine Bescherung, die bei den Älplern lange Zeit mehr als karg ausfiel. Ein Familienfest war es jedoch allemal. Die »staade Zeit«, der stille Advent, diente der Vorbereitung auf dieses Fest. Da wurde Spielzeug für die Buben geschnitzt: Pferde, Ochsen, Kühe. Die Mädchen bekamen Gestricktes: Socken oder Unterwäsche. Die Mütter freuten sich über ein in feiner Stickarbeit gefertigtes Wäschestück. Die Väter über den gehäkelten Tabakbeutel. Am Heiligen Abend selbst wurde die Haus- und Stallarbeit früher beendet, bevor es zur traditionellen Mitternachtsmette ging. Erst nach dieser wurden die Kerzen am Christbaum angezündet. Da duftete es dann in der guten Stube von dem Wachs, das aus der eigenen Bienenhaltung hergestellt wurde. Behangen waren die Tannenbäumchen aus dem eigenen Wald mit Äpfeln, Nüssen und jenem Gebäck, das die Bäuerin nach eigenem Rezept hergestellt hatte. Es waren stimmige Zusammenkünfte. Die Hausgemeinschaft kam zur Ruhe. Und den Kindern rannen noch ehrlich gemeinte Glückstränen über die Wangen, wenn sie ihre Geschenke in Empfang nahmen und die selbst gebastelten Geschenke an die Eltern und Geschwister überreichten.

Zu einem jährlichen Ritual ist bei mir das Vorlesen der Weihnachtsgeschichte *Worüber das Christkind lächeln musste* des Volksschriftstellers Karl Heinrich Waggerl geworden. Die berühmteste Weihnachtsgeschichte des Alpenlandes lautet in einer Kürzestfassung wie folgt: »Der Floh schlüpfte (...) dem göttlichen Kinde ins Ohr. ›Vergib mir! (...) Ich verschwinde gleich wieder (...).‹ ›Spring nur!‹, sagte das Jesuskind unhörbar, ›ich halte stille!‹ Und da sprang der Floh. Aber es ließ sich nicht vermeiden, dass er das Kind ein wenig kitzelte (...). ›Ach, sieh doch!‹, sagte Maria selig, ›es lächelt schon!‹«

Die Älteren unter den Lesern und Leserinnen haben vermutlich noch die sonore Stimme von Waggerl im Ohr, die alljährlich am Weihnachtsabend aus dem Äther schallte. Die Jüngeren kennen die Fernsehaufzeichnung, in der der Schriftsteller, am Kaminfeuer sitzend, die Geschichte vorliest. Und die Jüngsten haben vielleicht das kleine Büchlein, das die Erzählung fasst, am Gabentisch liegen.

Christtag

Der Christtag, an dem sich die Verwandten gegenseitig besuchen und auf ein »Störibrot« einladen, beginnt korrekterweise mit dem Besuch der Mitternachtsmette, die einst Schlag Mitternacht stattfand. Die schönste Erzählung rund um diese an Ritualen reiche Messe hat Peter Rosegger verfasst: *In der Christnacht*. Dem Weg, den diese Erzählung geht, kann im »Christmettenweg« von Krieglach zur Bergkirche in Hauenstein im wahrsten Sinne des Wortes gefolgt werden. Rosegger erzählt darin von seinem ersten Besuch der Mitternachtsmette als Waldbauernbub. Zur Kirche geht er noch an der Hand des Großknechtes. Bei der Rückkehr verliert sich die Spur des Erwachsenen, und der kleine Peter verirrt sich im Wald. Ausgerechnet das »Mooswaberl«, eine Hausiererin mit schlechtem Ruf, findet den halb erfrorenen Buben und bringt ihn wohlbehalten zum elterlichen Hof zurück. Lesen wir uns aber hier in gekürzter Form in jenes Geschehen ein, das vor dieser anrührenden Erzählung steht, dem Besuch einer Mitternachtsmette im vorigen Jahrhundert: »Die Lichter, die wir auf den Bergen und im Tal sahen, wurden immer häufiger, und nun merkten wir es auch, dass sie alle der Kirche zueilten. Auch die kleinen, ruhigen Sterne der Laternen schwebten heran, und auf der Straße wurde es immer lebhafter. Das kleine Glöcklein wurde durch ein größeres abgelöst, und das läutete so lange, bis wir fast nahe zur Kirche kamen. (...) Als die Leute an die Kirche gekommen waren, steckten sie ihre Lunten umgekehrt in den Schnee, dass sie erloschen. (...) Jetzt klang auf dem Turm in langsamem, gleichmäßigem Wiegen schon die große Glocke. Aus den schmalen, hohen Kirchenfenstern fiel heller Schein (...). Endlich klangen alle Glocken zusammen, in der Kirche begann die Orgel zu tönen, und nun gingen wir hinein (...). Die Lichter, die auf dem Altar brannten, waren hellweiße, funkelnde Sterne, und der vergoldete Tabernakel strahlte gar herrlich zurück. (...) Viele hatten Kerzen vor sich brennen und sangen aus ihren Büchern mit (...). Als der Gesang zu Ende war, ging der Kirchenmann herum und zündete alle Kerzen an, die in der Kirche waren, und jeder Mensch, auch der Großknecht, zog nun ein Kerzlein aus dem Sack und zündete es an und klebte es vor sich auf das Pult. Auf dem Chor stimmte man Geigen und Trompeten und Pauken (...). Weihrauch stieg auf und hüllte den ganzen lichterstrahlenden Hochaltar in einen Schleier. Tief nahm ich sie auf in meine Seele, die wunderbare Herrlichkeit der Christnacht.«

Stefanijagd

Am Stefanitag findet traditionell die letzte Jagd der Saison statt: die Niederwildjagd. Unter Niederwild versteht der Jäger Fasan, Rebhuhn, Enten, Gänse, Rehe und Hasen. Die erste Niederwildjagd der Saison ist jene auf Rehe und findet bereits um Ostern statt. Die Hauptsaison ist jedoch im Herbst. Abschluss der Jagdsaison ist die Stefanijagd am 26. Dezember. Jagen ist ein durch strenges Reglement in geordneten Bahnen stattfindendes Brauchtum. Es gibt einen behördlich verordneten Abschussplan und einen Wechsel von Schuss- und Schonzeiten. Bei der Niederwildjagd geht es darum, weite Feld- und Flurflächen zu bejagen. Hier ist nicht der einsame Waidmann gefragt, sondern die Jagdgesellschaft. Der Revierpächter lädt daher Gäste ein.

Die Jägerschaft unterscheidet zwischen der Treibjagd und der Kreisjagd. Bei Letzterer treiben zwei Jagdgruppen das Wild aufeinander zu und kreisen es ein. Gerade für diese Art der Jagd gibt es vom Jagdleiter die ausführliche Belehrung, was erlegt werden darf und wie man sich bei der Jagd zu verhalten hat. Oberstes Gebot ist dabei, das Wild waidgerecht zu erlegen. Um Jagdunfälle zu vermeiden, gilt ein striktes Alkoholverbot. Weitaus bekannter als die Kreisjagd ist aber die Treibjagd. Die Jäger gehen mit Schrotgewehren bewaffnet in einer geschlossenen Reihe nebeneinander. Das dient dazu, das Wild aus der Deckung zu locken. Weitschüsse sind verpönt; geschossen wird aus knapper Entfernung, um das Tier sofort tödlich zu treffen und das Wildbret nicht zu stark in Mitleidenschaft zu ziehen. Wer aus ferner Distanz schießt, verletzt das Tier mit den ausstreuenden Schrotkugeln oft nur. Es verendet dann elend im Unterholz.

Beim Jagen gilt nicht das Schießen, sondern die Treffergenauigkeit. Das sorgsame Verhalten und die persönliche Beherrschtheit zeichnen einen disziplinierten Waidmann aus. Gerade bei diesen Gruppenjagden kommt dem Jagdhund eine immens wichtige Bedeutung zu. Die blitzschnellen Assistenten auf vier Pfoten fangen verletztes Wild und bewahren es so vor dem Verenden – gelingt doch bei aller gebotenen Sorgfaltspflicht nicht immer der tödliche Schuss. Denn zuallererst ist der Jäger ein Pfleger und Heger. Und den köstlichen Hasenbraten, den wir am Stefanitag am Teller haben, den verdanken wir dem sorgsamen Umgang beim Erlegen.

Silvester

Es gibt ein allumfassendes, jeden Alpenbewohner erreichendes Ritual zum Jahreswechsel. Pünktlich um Mitternacht wummert dumpf die Pummerin im Glockenturm zu St. Stephan. Über das Radio oder das Fernsehgerät hallt dieser charakteristische Ruf in die Haushalte. Ob am Berghof in den Voralpen oder im Gemeindebau an der Alten Donau, die Pummerin verbindet jedes Jahr zur selben Zeit die Bewohner der Alpenrepublik. Sie gibt für wenige Sekunden an Silvester den Takt vor.

Apropos Silvester: Dieser Name leitet sich von Papst Silvester ab, der am 31. Dezember des Jahres 335 für immer sanft entschlief. Aus dem Lateinischen übersetzt heißt er »der Waldmann«. Am Tag des Waldmannes begleitet also traditionelles Glockengeläut landauf, landab den Burgenländer, den Wiener, den Oberösterreicher, den Steirer, den Tiroler, den Salzburger, den Kärntner, den Vorarlberger – und nicht zuletzt den Niederösterreicher. Dort, und da vor allem im Mostviertel, geht um die Jahreswende die »Sampamuatta« um. Eine Perchtenfigur, die ihren Ursprung in heidnischer Zeit hat. Die Mitglieder des Haushaltes essen gemeinsam aus einer Schüssel warme Milch mit Semmeln: die »Sampamüch«. Ein klein wenig davon lassen sie übrig und legen die

Löffel auf den Schüsselrand. Wichtig: Sie müssen blank poliert sein! Wessen Löffel in der Früh vom Schüsselrand gerutscht ist, der wird bald darauf das Haus verlassen. Finden die Hausbewohner allerdings auf den geputzten Löffeln frische Milchspuren, weist das auf den nächtlichen Besuch der Sampamuatta hin. Und der freut Alt und Jung, bedeutet er doch Glück im neuen Jahr.

Selbstverständlich – wie sollte es auch anders sein – sind die alten Orakelbräuche vor allem den Fragen der Liebe geschuldet. Ein in Oberösterreich und Salzburg beliebtes Spiel war das »Patschenwerfen« als ein Hinweis darauf, wen man zukünftig in den Hafen der Ehe führen würde. Das Spiel ist so simpel wie lustig, so effizient wie hanebüchen: Wer einen Blick in die häusliche Zukunft erhaschen möchte, stellt sich rückwärts zur Haustür und wirft den Patschen über die Schulter. Weist die Spitze nach draußen, bedeutet das den baldigen Auszug aus dem Elternhaus – einst einhergehend mit der Gründung einer eigenen Familie. In Zeiten von immer länger werdenden Aufenthalten im »Hotel Mama« sicherlich ein Brauch, den es zu entstauben gilt.

Die Trauringe sind das äußere Symbol lebenslanger Verbundenheit zweier Eheleute.

Rituale im Leben

Drei Rituale sind Eckpfeiler unseres Lebens: die Taufe,
mit der wir in die Gemeinschaft aufgenommen werden,
die Hochzeit, bei der wir einen Bund fürs Leben eingehen,
und das Begräbnis als Endpunkt und Neubeginn.

Taufe

Das *Wörterbuch der deutschen Volkskunde* beschreibt die Geburt als Zäsur im Leben der Familie. Sie sei »für das Kind der Eintritt ins Leben« und bringe außerdem all die volksgläubigen Bräuche in Anwendung, »mit denen Schadenmächte aufgehalten und das Leben, Glück und Gesundheit gesichert werden«. Aufgrund dieser Bedeutung gehen unzählige Rituale mit dem Ereignis einher. Das beginnt beim »Ausläuten«: Um dem Bauern die Geburt anzuzeigen, wurde ihm von seinen Knechten »ausgeläutet«. Sie begleiteten ihn also vom Feld nach Hause, während sie mit Pfannen, Glocken und Pfeifen Freudenlärm anstimmten. In der Stube lag bereits das Neugeborene. Der Vater hob es auf – und erkannte es mit dieser Herrschaftsgeste an. Auch das erste Bad des Neugeborenen war symbolbeladen. Ins Wasser kamen eine Münze und ein Rosenkranz; im Anschluss an den Reinigungsakt wurde es unter den bereits gepflanzten »Lebensbaum« des Kindes geschüttet: Für Mädchen wurde ein Birnbaum gepflanzt, für Buben ein Apfelbaum. Die Urchristen kannten noch die Erwachsenentaufe, wie sie Johannes der Täufer dem erwachsenen Tischler und Menschensohn Jesus angedeihen ließ. Der Taufwerber sollte sich bereits im Leben als wahrer Christ bewährt haben, ehe er das heilige Sakrament empfing. Erst mit Fortschreiten der Christianisierung wurde die Säuglingstaufe eingeführt; sollte doch der noch vollkommen unschuldige Erdenbürger in die christliche Gemeinschaft Einlass finden. Die Taufpaten als zweites Elternpaar verpflichteten sich, die christliche Erziehung des Kindes zu gewährleisten. Daher waren bei der Taufe auch nur der Vater und die Taufpaten anwesend. Die Mutter ruhte die ersten sechs Wochen nach der anstrengenden Hausgeburt im Wochenbett. Sie wurde allerdings in dieser Zeit mit einer geweihten Kerze gesegnet. Helga Maria Wolf erwähnt einen uralten »God'n-Brauch«: »Drei Tage nach der Taufe schickte die Patin das ›Vorweisat‹: sechs Semmeln, hunderteins Eier, Schmalz und eine schwarze Henne, die der Vater sogleich schlachtete.«

Der erste Ausgang der Mutter führte schnurstracks in die Kirche. Sie wurde bei diesem Gang von der Hebamme und der Patin begleitet. Das Alte Testament kennt diesen Schritt als »Reinigung der Wöchnerin«. Und fürwahr, in der Kirche fand die »Aussegnung« durch den Priester statt. Im Anschluss daran gab es ein Festmahl: sowohl der Eltern für die Verwandtschaft als auch der Verwandtschaft für den neuen Erdenbürger. Die Anfrage an die ausgewählten Taufpaten, die »God'n« und »Ged'n«, fand selbstverständlich vor der Geburt statt. Die Übernahme dieser verantwortungsvollen Lebensaufgabe, der Patenschaft für ein angenommenes Kind, wurde mit einem Ritual besiegelt. Der werdende Vater ging dabei mit einem Haselnussstecken zum Haus der auserwählten Paten. Er kniete nieder und trug ihnen das Patenamt an. Dazu nochmals Helga Maria Wolf: »Manche Eltern schickten auch einen schön gekleideten Boten, der die Bitte in Spruchform vortrug. Der God oder die Ged besuchten rasch die Eltern, brachten das ›Krösengeld‹ mit und steckten dem Baby je drei Brotstücke, Palmkätzchen und Münzen in die Windeln.«

Die Taufkerze als Lebensbegleiter: »Das Licht Christi leuchte dir« will uns die Kerze symbolisch sagen.

Hochzeit

Es gibt viele fast vergessene Hochzeitsbräuche in Österreich. In früheren Zeiten musste eine verheiratete Frau ihre Haare unter einer Haube verstecken. Das galt als Zeichen der Anständigkeit und ging in Südkärnten sogar so weit, dass die Ehe erst gültig war, wenn die Mutter der Tochter die Brauthaube aufgesetzt hatte. Daher rührt übrigens auch die Redewendung »unter die Haube kommen«.

Wann wurde früher geheiratet? In bäuerlichen Kreisen wurde nicht im Wonnemonat Mai oder im Sommer zur Hochzeit geladen, sondern im Herbst und in den kargen Wintermonaten. Denn erst, wenn die Ernte eingebracht und die Feldarbeit getan war, hatten die Bauersleute genug Muße, um das Fest auszurichten. Schauen die Hochzeiter heutzutage eher darauf, dass das Fest auf einen Freitag oder Samstag fällt, trat man früher unter der Woche vor den Altar. Der Freitag war unter Gläubigen kein Tag zum Heiraten, denn an diesem Tag hatte sich schließlich Judas erhängt. Auch an einem Samstag zu heiraten wurde einst tunlichst vermieden. Denn der Pfarrer hätte keine rechte Freude daran gehabt, am darauffolgenden Tag des Herrn vor einer halb leeren Kirche seine Predigt zu halten, weil sich die Hochzeitsgäste noch vom rauschenden Fest erholten.

Doch bevor man den Bund der Ehe einging, galt es noch einige Vorbereitungen zu treffen. Lange bevor es ans Aussuchen des Brautkleides ging, musste um die Braut entsprechend geworben werden. In der Steiermark wurden sogenannte »Biedlleute« ausgeschickt, die beim Mädel vorzusprechen hatten. Ein »Kuppelpelz« war die Belohnung für eine erfolgreiche Vermittlung. Selbst beim Brautvater um die Hand der Tochter anzuhalten war Aufgabe eines wortgewandten und gewitzten Brautwerbers. Dabei ging es in manchen Gegenden wie dem kärntnerischen Gailtal oder in der Oststeiermark recht poetisch zu. Lange wurde in blumiger Wechselrede zwischen dem Brautwerber und dem Hausvater um das eigentliche Thema herumgeredet. Die Antwort blieb bis zum Schluss spannend und wurde dann nicht etwa in Worten, sondern in Speisen dargelegt. Würstel, Speck oder Schnaps galten etwa in Kärnten als Ja, gestockte Milch oder Sauerkraut hingegen als Nein. Doch auch die Frauen durften es wagen, den ersten Schritt zu tun. »Wirst ihm ein ›Oapackl‹ geben?«, hieß es dann im oberösterreichischen Salzkammergut. Denn zu Ostern überreichte die junge Frau ihrem Auserwählten ein liebevoll zusammengestelltes Paket, das er entweder annehmen oder ablehnen konnte.

Zur Hochzeit eingeladen wurde früher mehr oder weniger das ganze Dorf. Ein Hochzeitslader zog mit einem bunt geschmückten »Ladsteckn« von Tür zu Tür und lud mit einem Sprüchlein zum bevorstehenden Feste ein. Auch heute kommt dem Hochzeitslader in ländlichen Gegenden noch immer eine wichtige Funktion zu. Denn als erfahrener Zeremonienmeister, dessen Ladsteckn bestenfalls schon einige Schleifen mit den Namen von Brautpaaren zieren, hat er die wichtige Aufgabe, den Hochzeitszug richtig aufzustellen und später durch das Fest zu führen. Noch heute gibt es den Brauch des Hochzeitsladers mit seinem Spruch: »Grüß euch Gott mit Herz und Mund! Ihr seid wohl alle frisch und g'sund? Auch ich bin froh und guter Ding', weil ich euch eine Botschaft bring. Einen lieben Gruß in Gottes Nam' von der Jungfraubraut und dem Bräutigam. Sie haben mir geboten, ich soll gehen auf Reisen, euch alle zur Hochzeit laden und heißen!«

Der Hochzeitsmorgen beginnt auch heute meist noch zeitig. So manches Brautpaar am Land wird durch Gewehrsalven oder mit lauter Musik aus dem Bett geholt. Traditionell gibt es dann zum Frühstück eine kräftige Hochzeitssuppe, die alle Beteiligten bis zur Trauung durchhalten lässt. Mit besonderer Neugier wurde früher von der Dorfgemeinschaft der Brautwagen erwartet, auf dem die Mitgift der Braut aufgeladen war. Der Wohlstand der Brautfamilie musste dabei zur Schau gestellt – oder zur Not vorgegaukelt – werden. Da türmten sich dann Hochzeitstruhe, Spinnrad, Bett, Wiege, Kasten und sogar so manches Sofa. Wenn heute der Weg zur Kirche oder zum Standesamt bevorsteht, hat der Hochzeitslader alle Hände voll zu tun, den Hochzeitszug aufzustellen. Je nach Region gibt es genaue Anordnungen, wer neben und hinter wem zu gehen hat. Doch überall führt die Musik den Zug an, begleitet von Gejuchze, Geschieße und Geschnalze. So bewegt sich die Hochzeitsgesellschaft schließlich langsam in Richtung Kirche, oft noch aufgehalten durch Wegsperren. Und auch nach der Trauung warten meist noch ein paar lustige Überraschungen und Hochzeitsbräuche auf die Frischvermählten. Besonders beliebt ist das gemeinsame Zersägen eines Holzstammes mit einer Zugsäge. Unter lautem Anfeuern der Hochzeitsgesellschaft muss das Paar erstmals in der Ehe eine gemeinsame Aufgabe – einer schiebt, einer zieht am Werkzeug – möglichst harmonisch vollbringen. Dem Bräutigam kann es dann passieren, dass er unter großem Gelächter eine Babypuppe wickeln muss. Ein dezidiert veralteter Brauch, der einst dem Spott diente und heute, in Zeiten der Gleichberechtigung, aus der Tradition heraus verstanden und ausgeübt werden sollte. In Kärnten müssen Bräute oft noch kurz in der Küche vorbeischauen, um symbolisch das Kraut oder die Suppe zu salzen und sich beim Küchenpersonal mit einem kleinen Trinkgeld zu bedanken.

Einer der bekanntesten, wenn auch nicht beliebtesten Bräuche ist das »Brautstehlen«. Dabei ziehen die »Entführer«, Freunde und Verwandte des Bräutigams, mit der Braut von dannen, um meist in einem Wirtshaus in der Nähe kräftig zu zechen. Immer mit dabei: der Brautstrauß, denn ohne den gilt's nicht. Gesucht und ausgelöst wird die geraubte Braut dann vom Bräutigam, der nun hoffentlich gelernt hat, besser auf seine Angetraute aufzupassen. Bemerkt er nicht gleich, dass seine bessere Hälfte fehlt, kann es sein, dass er mit einem Besen tanzen muss.

Der »Brauttanz« gegen Ende der Hochzeit, bei dem alle Männer mit der Braut tanzen und dafür bezahlen müssen, dient dazu, einen Teil zu den Musikkosten beizusteuern. Eine Abwandlung ist der Schleiertanz, bei dem der Schleier der Braut zerrissen und unter die Hochzeitsgäste geworfen wird. Je größer das Schleierstück ist, das ein Mädchen erwischt, desto besser stehen auch seine Heiratschancen.

Nach der Hochzeit werden im Burgenland und in Kärnten gerne Schüsseln durch die Gegend geworfen. Je mehr Scherben, desto mehr Kinder für das Brautpaar – so heißt es. Auch wenn während der fröhlichen Feier etwas ausgeschüttet wird, heißt das baldigen Kindersegen und eine Taufe. In Oberösterreich kommen in einigen Regionen eine Woche nach der Hochzeit die

Verwandtschaft und der engste Freundeskreis zur »Glückssuppn« zusammen.

Fünf weitere Hochzeitsbräuche haben die Zeit überdauert und sollten auf keinem Fest fehlen:

1. Blumen streuen
Das Streuen von Blumen und Blüten ist ein alter Hochzeitsbrauch, der von Blumenkindern am Weg zum Altar oder Standesamt, aber auch von den Gästen nach der Zeremonie durchgeführt wird. Damit wünscht man dem Brautpaar, dass der gemeinsame Lebensweg wie ein Spaziergang durch einen Blumengarten werde. Außerdem symbolisiert die Blüte auch Fruchtbarkeit und Kindersegen. Wichtig: Man sollte unbedingt vorab klären, ob das Streuen von Blumen auch erlaubt ist.

2. Spalier stehen
Wenn das Brautpaar aus der Kirche oder dem Standesamt auszieht, bilden die Gäste ein Hochzeitsspalier vor dem Ausgang. Dabei wird versucht, das frisch vermählte Paar am Durchlaufen zu hindern, als Symbol für die gemeinsame Überwindung von Stolpersteinen. Das Spalier soll außerdem zeigen, dass Freunde und Familie immer an der Seite des Brautpaares stehen.

3. Mandeln verschenken

Ein kleines, hübsches Gastgeschenk für die Hochzeitsgesellschaft sind gezuckerte Mandeln. Sie werden traditionell in kleine Tüllsäckchen verpackt, die aus Resten des Brautkleides gebastelt werden. Am liebsten werden fünf Mandeln verschenkt, wobei jede eine Bedeutung hat: Liebe, Glück, Gesundheit, Erfolg und Fruchtbarkeit. Damit jeder Gast auch diese Bedeutung kennt, wird dazu gerne ein kleiner Spruch überreicht:

> *Für euch, liebe Gäste, als kleiner Gruß*
> *sind diese fünf Mandeln mit süßem Guss,*
> *süß und bitter, so wie das Leben kann sein.*
> *Nehmt diese als Geschenk heut mit heim.*
> *Sie stehen für Glück, Liebe,*
> *reichen Kindersegen, Gesundheit und Erfolg*
> *auf all unseren Wegen.*

4. Brautschuh versteigern

Das Versteigern des Brautschuhs ist ein beliebtes Spiel bei Hochzeitsfeiern. Mit gekonnter Moderation ist es eine lustige und zugleich spannende Unterhaltung aller Gäste. Praktischer Nebeneffekt: Die Kassa des Brautpaares, zum Beispiel für die Hochzeitsreise, wird aufgefüllt. Wie bei einer echten Auktion wird von den Hochzeitsgästen mitgesteigert. Der Brauch sieht allerdings vor, dass das letzte Gebot vom Brautvater, Trauzeugen oder Bräutigam kommt. Denn nur mit einem freigekauften Schuh können sie die Ehre der Braut hochhalten.

5. Morgengabe überreichen

Am Morgen nach der Hochzeit überreicht der Bräutigam als Symbol seiner Liebe der Braut ein Geschenk. Früher diente die Morgengabe als wirtschaftliche Absicherung der Frau: In Adelskreisen wurden sogar Burgen und ganze Ländereien verschenkt. Heute verschenkt der Bräutigam meist Schmuck. Und auch die Braut kann ihrem frischgebackenen Ehemann eine Morgengabe überreichen, zum Beispiel eine Uhr oder Manschettenknöpfe.

Der süße Höhepunkt am schönsten Tag im Leben: die Hochzeitstorte als Visitenkarte der Konditorenzunft

Tod

Der Tod und das Ritual sind Geschwister – wurden doch die Vertreter der Rituale, die Heiligen, zu jedem sich nur bietenden Anlass um eine gute Sterbestunde angerufen. Je öfter, umso nachhaltiger, so die seinerzeit weit verbreitete Volksmeinung. Der Friedhof galt als ebenso heiliger wie unheimlicher Ort. Hier trat man in stille Zwiesprache mit jenen, die einem bereits vorangegangen waren. Früher starben die Menschen zu Hause und wurden zu Hause aufgebahrt. Am Totenbett, das kunstvoll verziert war. Dem Verstorbenen wurde außerdem sein schönstes Gewand angezogen: den Frauen das Brautkleid, den Männern der Sonntagsanzug. Der Volkskundler Leopold Schmidt schreibt über eine Hausaufbahrung zu Beginn des 20. Jahrhunderts: »Früher war es selbstverständlich, dass der Tote bis zur Beerdigung im Haus blieb. In den Nächten wurde bei ihm gewacht, die Familienangehörigen, die Nachbarn und Freunde versammelten sich zur Totenwache.« Weiters beschreibt der Zeitzeuge ein Begräbnis im ländlichen Niederösterreich: »Das bäuerliche Begräbnis wird vom Hausvater sorglich vorbereitet. Er hat Mesner, Pfarrer und Lehrer nicht nur zu verständigen, sondern auch zu bezahlen, von ihm hängt es ab, wie groß die ›schöne Leich‹ sein soll. Wenn man genügend darauf wandte, dann gab es einen prächtigen Kondukt vom Trauerhaus an, wo der Sarg zwischen den Windlichtern unterm Hoftor stand. Dann sangen die Sänger schon vorm Haus, setzten bei der Kirche mit dem zweiten Totenlied fort und sangen auf dem Friedhof noch zweimal.«

Die »schöne Leich« ist heute nur mehr in Wien ein Begriff. Und da meist nur als Ausdruck bodenständiger Mundart. Bezeichnet wird solcherart der Leichenschmaus, der heute lange nicht mehr so üppig ausfällt wie anno dazumal. Leopold Schmidt maßregelt gar das üppige Gelage nach dem Begräbnis: »So bedarf es mitunter der Gedenkworte des Pfarrers, wenn er an dem Totenmahl teilnimmt, dass diese Zehrung schließlich in würdiger Stimmung beendet wird.«

Ein Ritual, das mir als Junggeselle ins Auge sticht, möchte ich abschließend nicht verschweigen – möge es auch mir dereinst vergönnt sein! Wenn in Niederösterreich ein Mann sein Leben nicht, wie es die gute dörfliche Sitte dereinst vorgab, im Ehestand beendete, traten bei seinem Begräbnis eine schwarze und eine weiße Braut auf. Sie vermählten sich symbolisch am Grab mit dem ehelos Gebliebenen. Und er musste nicht als »lebender Leichnam« in die Erde gelassen werden. Nach dieser Anmerkung zum Schmunzeln in eigener Sache möchte ich ebenfalls persönlich mit einer mich tief beeindruckenden Geschichte enden.

Es betrifft das Ritual des »Sterbekerzerls«. Es war am späten Nachmittag eines Montags, als mein leider inzwischen verstorbener Freund Karl Merkatz und ich, nach einwöchiger Reise müde, bei ihm zu Hause im Salzburgischen ein »Fiaker-Achterl« (sprich: ein resches Viertel im Henkelglas) tranken, ehe ich nach Wien fahren wollte. Mitten in das fröhliche Beisammensein kam ein Anruf, den Karl entgegennahm. Er lauschte schweigend. Tränen stiegen ihm in die Augen. Nachdem er das kurze Telefonat beendet hatte, stand er auf, ging in seiner uralten Bauernstube zu einer Auslassung in der Mauer und zündete eine sich dort befindliche Kerze an: das sogenannte Sterbekerzerl. Ich wusste in der Sekunde, wem hier gedacht wurde. Seine Schwester war schon lang sehr krank gewesen. Und tatsächlich: Der Anruf hatte die Nachricht ihres Ablebens zum Inhalt gehabt. Karl setzte sich wieder, noch immer schweigend, faltete die Hände und versank im kurzen Gedenken. Schließlich stand er auf, ging in die nebenan gelegene Küche und kam mit einem speziellen Rotwein zurück. Mit fester Stimme ergriff er das Wort. Diesen Wein habe seine Schwester immer getrunken, wenn sie zu Besuch gewesen sei. Und mit diesem Lieblingswein der Schwester tranken wir auf ihr Wohl und auf das erfüllte Leben, das sie in den Worten ihres tiefgläubigen Bruders nun im Himmel weiterführen würde. Während ich diese Zeilen schreibe, muss ich daran denken, wie mein Freund und seine Schwester mittlerweile da oben im Himmel tagein, tagaus ihr Achterl Rot genießen.

Friedhöfe – im Bild eine Engelsfigur des Linzer Barbarafriedhofs – sind stille Orte der Besinnung und Erinnerung.

Beim Anstoßen kommen d' Leut zamm: Gailtaler Trachtentrio beim Verkosten des regionstypischen »Zirbenen«

Zum Schluss
Reden übers Leben

Ein Bauernsohn als Bewahrer der guten Tradition:
ein Gespräch mit Karl Prüller aus Reinsberg
in Niederösterreich über Sinn und Bedeutung von
Ritualen und Bräuchen im täglichen Dorfleben.

Wenn es beim bewussten Leben und Transportieren von Traditionen um die Weitergabe des Feuers geht, dann ist mein Freund Karl Prüller für mich der Inbegriff eines Überbringers von Feuer. Er ist ein weltoffener Kulturmanager, in seinem Hauptberuf Landmaschinenmechaniker, und wurzelt fest im lokalen Brauchtum – eben weil er von einer Bauernfamilie abstammt. Er weiß noch allzu gut, was es bedeutet, von Wind und Wetter abhängig zu sein. Ihm ist die Einhaltung der im dörflichen Jahreskreislauf eingeschriebenen Traditionen daher gelebtes Selbstverständnis. Karl ist aufgewachsen in der großen Familie einer Landwirtschaft, der »Hörmannsöd«. Sein Vater, der Landwirt, hat als Bürgermeister jenes Dorf geprägt, dem Karl als Kulturvermittler zu überregionaler Bekanntheit verholfen hat: das »Kulturdorf Reinsberg«. Sein gelernter Beruf als Landmaschinenmechaniker hat ihn zu einem wichtigen Ansprechpartner der Bauern gemacht. Als Geschäftsführer der Burgarena Reinsberg, die vielen Landwirten noch heute ein Dorn im Auge ist, weil sie als Fremdkörper im dörflichen Gesellschaftsgefüge betrachtet wird, hat er so manchen Strauß mit seinen Kunden ausgefochten. Ihm, der Kultur als wichtiges Ritual jeder aufgeschlossenen Gesellschaft versteht, war und ist dieser Ort der Offenheit jeglicher Kultur gegenüber jedoch immens wichtig. Ich selbst habe als zeitgenössischer, ja provokativer Theatermacher in ihm einen Ermöglicher gefunden. Einen, der mir den Rücken freigehalten hat. Erst mit dem Abstand von Jahren, in denen wir uns aus den Augen verloren hatten, habe ich diese seine große Qualität erkannt und wertschätzen gelernt. Kraft für die aufreibende Kulturarbeit in einem von Landwirtschaft und Kleinhandwerk geprägten Umfeld hat Karl im dörflichen Brauchtum gefunden. Mögen die Wogen der Empörung noch so hoch gehen. Mag der finanzielle Druck eines großen Veranstaltungsortes, der Stress zwischen Erwerbsarbeit und der Tätigkeit für den Verein noch so belastend sein, wenn die örtliche Blasmusik aufspielt, deren Mitglied er seit seiner Jugend ist, dann kann er abschalten. Eben jene Blasmusikkapelle sitzt gesellig beim Kirchenwirt beisammen, als ich in Reinsberg eintreffe.

Es ist früher Nachmittag. Zu Mittag wurde einer aus der Mitte der Reinsberger zu Grabe getragen. Für Karl Prüller nicht irgendeiner, sondern einer seiner schärfsten Gegner. Ein Landwirt, der ihm zu Lebzeiten die Freundschaft aufgekündigt hatte. Doch im Tod sollte kein Zwist das Verhältnis der beiden belasten. Und es war dem Musiker wie dem Menschen Karl Prüller selbstverständlich, den früheren Freund musikalisch auf den Friedhof zu begleiten. Ein Zeichen der Versöhnung und eines jener vielen Rituale im Jahr und im Leben, über die ich mit ihm sprechen möchte: der letzte Gang.

Es stirbt jemand, ein Begräbnis findet statt, und ihr als Musikverein tretet auf. Das ist ja ein Ritual, das auch mit Brauchtum einhergeht. Was bedeutet das für dich? Erzähl es einfach ganz unmittelbar aus dem heutigen Erlebnis.

Karl Prüller: Aus dem heutigen Erlebnis ... Heute war es mir persönlich bewusst ein Anliegen, dabei zu sein, weil einfach in der öffentlichen Wahrnehmung zwischen dem Verstorbenen und mir eine große Feindschaft gewesen ist, die bis heute noch spürbar ist. Aus der Sicht der Musik ist es einfach eine gelebte Tradition. Wenn heute ein Jäger stirbt, sind wir eingeladen; wenn ein Kamerad stirbt, sind wir eingeladen; oder wenn ein Musikkollege stirbt oder eine Mutter von einem Musikanten stirbt oder ein Vater – immer ist die Musikkapelle dabei. Es ist einfach die Aufwertung und die Anerkennung des Verstorbenen. Die letzte musikalische Anerkennung.

Ich bin sowieso ein Mensch, der, wenn er konnte, früher auf so gut wie jedes Begräbnis gegangen ist. Nicht nur als Musikant. Auch persönlich als Wegbegleiter. Ich habe den Menschen gekannt, und es ist mir einfach ein Bedürfnis, ein letztes Mal zu sagen: »Pfiat di. Es war schön mit dir.« Uns hat vieles gemeinsam betroffen, vieles auch vielleicht, wo wir uns nicht so gut verstanden haben. Aber über den Tod hinaus gibt es keine Feindschaft.

Du hast dich also heute von ihm verabschiedet?
Genau. Das heute war ein Abschied. Etwas Endgültiges. Ich gehe oft unterm Jahr auf dem Friedhof – das ist ein ganz persönliches Ritual von mir – die Gräberreihen entlang und denke mir: »Wer liegt da? Ah, das ist der. Den habe ich von da her gekannt. Was habe ich mit dem erlebt?« Das ist einfach für mich sehr spannend, interessant, dort in die Geschichte einzutauchen, wenn ich da am Friedhof die Bekannten so vor mir liegen habe. Faszinierend. Ist nicht jedermanns Sache. Meine 94-jährige Tante, die haben wir jetzt zwei Jahre lang bei uns daheim zur Pflege gehabt, die ist nie auf den Friedhof gegangen. Angst vor dem Tod? Keine Ahnung, was es war.

Und, wenn wir vom Tod zurückgehen, an den Anfang allen Lebens, dann landen wir bei der Taufe als allererstem Ritual. Was hast du da für eine persönliche Verbindung dazu?
(*Lacht.*) Also, an meine Taufe kann ich mich nicht mehr erinnern…

Gut, von der können wir alle nicht reden.
An die Taufe meiner jüngsten Schwester, die ist immerhin um 13 Jahre jünger als ich, an die kann ich mich erinnern, das war das erste unmittelbare Erlebnis des Taufrituals. Wir sind in die Kirche gegangen und anschließend heimgefahren, zum Essen und Trinken.

Bei meinen Kindern war die Taufe in der Kirche für mich ein Muss. Ich bin christlich erzogen und bin ein christlicher Mensch. Ich halte auch die christlichen Rituale und Feste ein. Daher war es für mich selbstverständlich, das kleine Butzerl zu Gott zu bringen in die Kirche. Das hat sich für mich richtig angefühlt. So erhaben. Mein Bruder Leo ist der Taufpate. Beim ersten Kind und auch bei den beiden Geschwistern, also von all meinen drei Kindern. Ich werde meinem Bruder zeitlebens für diese Wertschätzung meiner Familie und mir gegenüber dankbar sein: Er hat meine Kinder zum Altar und zum Taufbecken getragen.

Die Taufpaten betreffend gibt es ja auch wieder begleitende Rituale. Wird das bei euch gelebt?
Ja, da wird schon gelebt, aber die Zeiten ändern sich halt. Heute wird es anders praktiziert als früher. Bei der Taufe selber liegt ja das Zeremoniell stark beim Pfarrer. Danach gibt's heute meist ein großes Fest mit vielen Teilnehmern, mit Musik und allem Drum und Dran. Früher waren die Großeltern bei der Taufe anwesend, die Eltern, die Paten und vielleicht noch die Geschwister. Das waren sehr intime Zusammenkünfte. Das eigentliche Hochfest war der jährliche »God'ntag«. Das war ein regelrechter Festtag bei uns. Den haben wir auch noch bei meinen Kindern als Festtag zelebriert. Und wenn

ich so nachdenk, eigentlich werden die God'ntage auch jetzt bei den Enkelkindern eingehalten. Da sind wir als Großeltern eingeladen. Ich bin dankbar dafür, dass wir dabei sein dürfen. An Ostern und zu Allerheiligen sind die God'ntage. Einmal wird von den God'nleuten eingeladen. Und einmal von den Eltern. Das ist dann die Gegeneinladung. Da gibt's die Osterkipfel oder einen Allerheiligenstriezel, mit Münze drin.

Und mittendrin im Leben, zwischen Geburt und Taufe, steht die Hochzeit. Was empfindest du, wenn du an deine eigene Hochzeit denkst?
Ich bin mittlerweile über 40 Jahre verheiratet. In den 40 Jahren hat sich sehr viel verändert, auch bei diesem Brauchtum, dem Hochzeitsritual. Bei uns hat's noch den traditionellen Polterabend gegeben. Das gibt es heute auch noch. Ein richtiges Poltern zum Fürchten: Da ist eine Nacht lang gefeiert, getrunken und gejohlt worden, dass einem ganz anders hat werden können. Eine Woche später ist dann Hochzeit gefeiert worden. Damals gab's noch das Ritual des Böllerschießens, das ich mittlerweile skeptisch sehe. Aber im Rückblick: Ich habe das leidenschaftlich betrieben, bin viele Gefahren eingegangen. Und hab viel Glück gehabt. Denn mit den Gaskanonen, die da im Spiel gewesen sind, da hat's fürchterliche Unfälle gegeben. Das Böllerschießen war

die Begleiterscheinung des Hochzeitszuges. Die Hochzeitsgesellschaft hat sich im Wirtshaus getroffen und ist von dort aus in die Kirche gezogen. Von dort aus hat der Wirt den Bräutigam in die Kirche begleitet, dem ganzen Zug voranschreitend. Und als Letzte ist die Braut mit dem Brautvater in die Kirche gekommen. Das war eine Zeremonie, die über Jahrzehnte unverändert geblieben ist. Heute wird das ja ganz individuell gehandhabt, je nach persönlichem Geschmack.

Aber es hat etwas gegeben, das es nur im Mostviertel gab: den Brautbaum.
Den gibt's auch heute noch vereinzelt im Mostviertel, allerdings hat's diesen Brauch nie bei uns in Reinsberg gegeben, sondern nur in der Gegend rund um Amstetten.

Aber meine Frau Renate und ich, wir haben ein ganz persönliches Ritual. Zur Silbernen Hochzeit habe ich ihr versprochen, jedes Jahr mit ihr eine Fußwallfahrt nach Mariazell zu machen. Immer an unserem Hochzeitstag. Du musst halt gerne gehen: Sechs, sieben Stunden auf den Beinen, das ist kein Lercherl. Aber es schweißt zusammen, dieser gemeinsame Weg, den wir da zurücklegen. Ich wünsche mir, so Gott will, dass wir dieses private Ritual bis zur Goldenen Hochzeit pflegen können. Wir freuen uns beide jedes Jahr wieder auf diesen speziellen Tag unserer Zweisamkeit. Zu unserem 40. Hochzeitstag sind wir mit der ganzen Familie gegangen und haben in Mariazell die Messe besucht und anschließend den Hochzeitstag gefeiert. Das war wunderschön für uns als Familie.

Schwungvoller Abschluss: ein tanzendes Paar der Trachtengruppe »Dachstoana« vor der prachtvollen Kulisse des Vorderen Gosausees in Oberösterreich

Danksagung

Ich danke meinem Gesprächspartner Karl Prüller, dem Verlagsteam Gerlinde Tiefenbrunner, Caroline Metzger, Christoph Loidl, Programmleiter Markus Honsig und meinem Agenten Günther Wildner.

Über den Autor

Christoph Frühwirth, geb. 1972 in Wien, ist Journalist, Autor und Dramatiker. Aus seiner Feder stammt das Theaterstück *Der Blunzenkönig*, für das er auch das Drehbuch zum Film mit Karl Merkatz in der Hauptrolle verfasste. Als Theaterautor zeichnet er verantwortlich für das *Reinsberger Weihnachtsspiel* dieser als »Europäisches Kulturdorf« ausgezeichneten Gemeinde.

Bei Servus sind von ihm unter anderem die Bücher *Nächte zwischen der Zeit* und *Der Mond und wir* erschienen. Frühwirth lebt und arbeitet in Purbach im Burgenland.

Weiterführende Literatur

Brandstätter, Alois: *Almträume. Eine Erzählung*, Residenz Verlag, Salzburg, 1993.
Derungs, Kurt: *Die Seele der Alpen. Magische Rituale mit der Kraft von Sonne, Stein und Wasser*, Kailash Verlag, München, 2015.
Distelberger, Anton: *Mostviertler Volksbrauchtum. Von Brautbäumen, Brautbaumsprüchen und Volksfrömmigkeit*, Eigenverlag, Amstetten, 2012.
Girtler, Roland: *Sommergetreide. Vom Untergang der bäuerlichen Kultur*, Böhlau, Wien, 1996.
Grahofer, Eunike: *Die Hechals. Brauchtum, altes Handwerk und Rezepte aus dem Mostviertel*, Freya Verlag, Engerwitzdorf, 2016.
Frühwirth, Christoph: *Handbuch Handwerk*, Bibliophile Edition, Wien, 2015.
Frühwirth, Christoph: *Nächte zwischen der Zeit. Raunachtgeschichten und Räucherrituale*, Servus, Salzburg, 2020.
Martin, Wolfram: *Durchs jagerische Jahr. Revier & Hege im Jahreslauf*, Leopold Stocker Verlag, Graz, 2015.
Merz, Gerhard: *Feste, Bräuche, Traditionen*, Weltbild, Salzburg, 2006.
Pfrang, Claudia / Raude-Gockel, Marita: *Das große Buch der Rituale. Den Tag gestalten, das Jahr erleben, Feste feiern*, Kösel-Verlag, München, 2007.
Reiter, Martin: *Das Bauernjahr. Wie's früher war*, A&M/Weltbild, Salzburg, 2010.
Schölnast, Christian: *Wie unsere Altvorderen lebten. Bäuerliches Leben und Arbeiten während der letzten 100 Jahre*, Styria, Graz, 1980.
Strohmeier, Fred: *Vergangenes Volksleben in der Oststeiermark*, Styria regional, Graz, 1998.
von Hörmann, Ludwig: *Das Tiroler Bauernjahr*, Verlag der Wagner'schen Universitäts-Buchhandlung, Innsbruck, 1899.
von Hörmann, Ludwig: *Tiroler Volksleben*, Verlag Athesia, Stuttgart, Innsbruck, 1909.
Wolf, Helga Maria: *Die schönsten Bräuche, Rituale & Traditionen*, Insel Verlag, Berlin, 2018.
Wolf, Helga Maria: *Verschwundene Bräuche. Das Buch der untergegangenen Rituale*, Brandstätter, Wien 2016.

ZWÖLF NÄCHTE,
IN DENEN DIE NATUR RUHT,
DIE ZEIT STILLSTEHT.

In den Raunächten finden wir eine Auszeit vom Alltag, um Vergangenes zu überdenken und uns bereit zu machen für das neue Jahr. Dieses Buch erzählt von althergebrachten Traditionen, die Glück versprechen und das Böse vertreiben sollen. Von Sagen und Geschichten, die den Blick für das Wesentliche schärfen. Von den Schätzen, die altes Brauchtum in sich birgt.

Mit Anleitungen zum Räuchern und traditionellen Rezepten.

CHRISTOPH FRÜHWIRTH
NÄCHTE ZWISCHEN DER ZEIT
200 Seiten · 12 × 20 cm
Hardcover
978-3-7104-0264-7 · € 22,00

MIX
Papier | Fördert gute Waldnutzung
FSC® C020353
www.fsc.org

Sämtliche Angaben in diesem Werk erfolgen trotz sorgfältiger Bearbeitung ohne Gewähr. Eine Haftung des Autors beziehungsweise des Herausgebers und des Verlages ist ausgeschlossen.

1. Auflage 2024
© 2024 Servus Verlag bei Benevento Publishing Salzburg – Wien, einer Marke der Red Bull Media House GmbH, Wals bei Salzburg

Alle Rechte vorbehalten, insbesondere das des öffentlichen Vortrags, der Übertragung durch Rundfunk und Fernsehen sowie der Übersetzung, auch einzelner Teile. Kein Teil des Werkes darf in irgendeiner Form (durch Fotografie, Mikrofilm oder andere Verfahren) ohne schriftliche Genehmigung des Verlages reproduziert oder unter Verwendung elektronischer Systeme verarbeitet, vervielfältigt oder verbreitet werden.

Medieninhaber, Verleger und Herausgeber:
Red Bull Media House GmbH
Oberst-Lepperdinger-Straße 11–15
5071 Wals bei Salzburg, Österreich

Umschlaggestaltung: Matthias Preindl, Andreas Posselt, Sophie Weidinger
Umschlagmotive: Andreas Posselt
Satz und Layout: Sophie Weidinger, Isabel Neudhart-Haitzinger
Gesetzt aus der: Palatino, Hoefler Text, Zwo Pro
Lektorat: Caroline Metzger
Korrektorat: Monika Hasleder
Bildrecherche: Martin Kreil
Lithografie: Josef Mühlbacher

Bildnachweis Innenteil: S. 8, 19, 151: Angelika Jakob; S. 20, 71: Bernhard Huber; S. 27, 91, 98: Sebastian Gabriel; S. 35: Sam Strauss; S. 42: Michael Reidinger; S. 83, 130, 139: Robert Maybach; S. 49: Philip Platzer; S. 58: Tom Son; S. 63, 115, 126, 173: Eisenhut & Mayer; S. 67: Peter Podpera; S. 77: Nadja Hudovernik; S. 89: Adobe Stock; S. 91: Magdalena Lepka; S. 141: Kerstin Anders, S. 144: Getty Images / iStock / Casarsa Guru; S. 160: Getty Images / Serhii Sobolevskyi; S. 164: Imago Images / FUNKE Foto Services; S. 177: Raphael Gabauer; S. 178: Mirco Taliercio; S. 187: ASA12 / Philipp Schönauer

Printed by Neografia, Slovakia
ISBN: 978-3-7104-0375-0